幼儿园语言教育活动设计与指导

主 编 李鑫宇 孙 慧

北京工业大学出版社

图书在版编目（CIP）数据

幼儿园语言教育活动设计与指导 / 李鑫宇，孙慧主编 . — 北京 ：北京工业大学出版社， 2024.1重印
"十三五"规划精品教材
ISBN 978-7-5639-6008-8

Ⅰ．①幼… Ⅱ．①李… ②孙… Ⅲ．①语言教学－学前教育－幼儿师范学校－教材 Ⅳ．① G613.2

中国版本图书馆 CIP 数据核字（2019）第 021052 号

幼儿园语言教育活动设计与指导

主　　编：李鑫宇　孙　慧
责任编辑：张　娇
封面设计：点墨轩阁
出版发行：北京工业大学出版社
　　　　　（北京市朝阳区平乐园 100 号　邮编：100124）
　　　　　010-67391722（传真）　bgdcbs@sina.com
经销单位：全国各地新华书店
承印单位：三河市元兴印务有限公司
开　　本：787 毫米 ×1092 毫米　1/16
印　　张：9.75
字　　数：200 千字
版　　次：2021 年 10 月第 1 版
印　　次：2024 年 1 月第 3 次印刷
标准书号：ISBN 978-7-5639-6008-8
定　　价：38.00 元

前　言

　　《3—6 岁儿童学习与发展指南》（以下简称《指南》）的颁布表明我国幼儿教育改革又进入一个新的阶段。《指南》作为国家对幼儿园教育进行指导的总纲，融合了许多先进的教育思想，并且具体规定了我国幼儿园教育的基本内容、范畴、目标以及基本的实践规范和要求。幼儿园教育活动应集中体现这些教育思想与理念，以期更好地为幼儿提供健康、丰富的生活和活动环境，满足他们多方面发展的需要，使他们在快乐的童年生活中获得有益于身心发展的经验，为中小学阶段乃至终身发展奠定良好的基础。为了适应和推动我国幼儿教育改革的需要和发展，为学前教育专业学生提供更适用的教材，编者特组织年富力强、理论功底扎实、实践经验丰富的幼儿教育工作者编写了《幼儿园语言教育活动设计与指导》教材。本教材适用于专科和本科层次的学前教育专业，亦可作为幼儿园教师职前培训或在职进修及自学教材。

　　本教材的内容是对单纯以法讲法、以法论法的传统教学法的一次突破。教材具有以下特点：

　　第一，适应新《幼儿园教育指导纲要（试行）》精神，以五大领域活动作为幼儿园课程的主要内容，突出时代发展的要求，从幼儿园教学实际出发，从新时期幼儿园对师资培养的要求出发，体现了较强的时代性和针对性。

　　第二，努力以"课程"的基本概念、基本原理、基本规律作引领，统筹整个教材结构，并且在编写中注意归纳、避免重复，充分体现了科学性。

　　第三，关注教材所对应的群体特点和幼师教学特点，编写时，除了做到表述清楚、重点突出外，还特别重视理论联系实际，面向幼儿教育实践，强调实用性。

　　第四，配以多样化的巩固练习，使学生通过本教材的学习，不仅可以提高专业素养，而且能迅速掌握从事幼教工作的基本技能，体现了可操作性。

　　编者在编写教材的过程中，得到了锦州市现代服务学校领导和同人的指导和帮助，并借鉴了一些国内外相关著作和资料，在此向相关人员及作者一并表示感谢!

编写这本教材的尝试不论是否成功,我们都殷切期待读者的批评指正。

编　者

2018 年 10 月

目　录

第一章　幼儿园语言教育概述 ⋯⋯⋯⋯⋯⋯⋯⋯ 1

　　第一节　幼儿园语言教育定义 ⋯⋯⋯⋯⋯⋯ 1

　　第二节　幼儿园语言教育的研究任务 ⋯⋯⋯ 4

　　第三节　幼儿园语言教育与研究的未来展望 ⋯⋯ 13

第二章　幼儿园语言教育目标 ⋯⋯⋯⋯⋯⋯⋯⋯ 19

　　第一节　制定幼儿园语言教育目标的依据 ⋯⋯ 19

　　第二节　幼儿园语言教育目标的结构 ⋯⋯⋯ 21

　　第三节　幼儿园语言教育目标的内容 ⋯⋯⋯ 25

第三章　幼儿园语言教育的内容、方法与途径 ⋯⋯ 31

　　第一节　幼儿园语言教育的内容 ⋯⋯⋯⋯⋯ 31

　　第二节　幼儿园语言教育的方法与途径 ⋯⋯ 35

第四章　幼儿园语言教育活动的指导思想及组织原则 ⋯⋯ 43

　　第一节　幼儿园语言教育活动的指导思想 ⋯⋯ 43

　　第二节　幼儿园语言教育活动的组织原则 ⋯⋯ 53

第五章　幼儿园语言教育活动设计 ⋯⋯⋯⋯⋯⋯ 59

　　第一节　幼儿园语言教育活动的特点 ⋯⋯⋯ 59

　　第二节　幼儿园语言教育活动设计的原则 ⋯⋯ 61

第六章　幼儿园语言教育活动指导 ⋯⋯⋯⋯⋯⋯ 67

　　第一节　幼儿园的谈话活动 ⋯⋯⋯⋯⋯⋯⋯ 67

　　第二节　幼儿园的文学活动 ⋯⋯⋯⋯⋯⋯⋯ 79

　　第三节　幼儿园的讲述活动 ⋯⋯⋯⋯⋯⋯⋯ 94

　　第四节　幼儿园的听说游戏活动 ⋯⋯⋯⋯⋯ 109

　　第五节　幼儿园的早期阅读活动 ⋯⋯⋯⋯⋯ 117

　　第六节　幼儿园儿童双语学习与双语教育 ⋯⋯ 137

第七章 幼儿园语言教育活动的评价 ·················141

第一节 幼儿园语言教育活动评价的意义 ·················141

第二节 教师语言教学质量的评价 ·················142

参考文献·················147

第一章 幼儿园语言教育概述

第一节 幼儿园语言教育定义

语言是由词汇（包括音、形、义）按照一定的语法规则构成的复杂的符号系统。语言是人类通过高度结构化的声音组合，或通过书写符号、手势等构成的一种符号系统，人类运用这种符号系统来交流思想。

语言的基本结构材料是词。词是一种符号，它标志着一定的事物。词按一定的语法规则组合在一起，构成短语和句子，所以语言是人类特有的重要而有效的交际工具。

语言是人类拥有的一种非常神奇的能力。婴幼儿在学说话以前，已经开始用种种非语言方式与周围人交往，如开始的哭声，可能表示饿、渴、湿、疼等感觉。但是非语言的表达方式所代表的意义仅凭成人的经验去推测可能会存在失误，这是非语言方式的局限性。当婴幼儿学会表达自己的感受和愿望时，他们和周围人的交往完全进入了一个新的境界，彼此之间的沟通就变成极为容易的事情。因而，自古希腊到中世纪再到近现代，人们一直对儿童的语言发展进行探究。尤其是现代社会，随着经济的发展和人际交往的日益频繁，语言交际能力则更显重要，它要求社会成员有较高的口语表达水平，能用清晰、简洁的语言表达自己的观点和见解，能够适应语言传递技术现代化的要求，会讲标准的普通话，以迎接信息化时代的到来。而这些能力必须从小培养。儿童只有学好语言，才有可能运用语言工具进行心智操作和活动的创造，充分激发其智慧潜能。与此同时，加速其社会化进程，正确认识和把握世界。另外，语言也是教育的工具，学前儿童的教育活动，更依赖语言，它既是成人教幼儿的工具，也是儿童学知识的工具。离开语言，人类的教育活动将无从发展，更谈不上人类文化的传递。因此，研究儿童语言和学前儿童的语言教育，已成为当代学前教育关注的热点问题。

幼儿园语言教育有其独特的研究范围，幼儿园语言教育是研究幼儿语言发生发展的现象、规律及其训练和教育的一门科学，是学前教育师范院校培训师资的一门应用性学科。它与学前教育的其他学科相联系，从不同侧面研究学前语言教育的理论和实践，为促进学前儿童身心各方面的和谐发展服务。近几十年来，幼儿园的语言教育获得了迅猛发展，已成为学前教育的支柱学科，并对学前教育的相关领域发展起到了巨大的推动作用。它的研究现状和未来发展潜力表明，它已成为一门独立的学科。

幼儿语言是一个不断发展的过程。因此，幼儿语言教育又称为学前儿童语言发展与教育。

幼儿语言教育有狭义和广义之分。

一、狭义的幼儿园语言教育

狭义的幼儿园语言教育是 3 ~ 6 岁儿童掌握母语口语的过程，主要研究对象是 3 ~ 6 岁儿童掌握母语的听说训练和教育。一般来说，母语是人们掌握的第一语言，它的获得方式主要是自然习得，也称母语获得或第一语言习得，它不同于第二语言的学习。

狭义的幼儿园语言教育无论是在研究对象、内容，还是在对幼儿语言学习、尤其是第二语言学习的看法上，都存在偏颇。现代脑科学、生理心理学研究表明，0 ~ 6 岁是儿童语言习得的重要时期，更是儿童学习第二语言的最佳时期。如果错过这个最佳时期，那么无论在学习本民族语还是第二语言都要相对困难得多。拉姆齐和赖特等人对接触第二语言的 6 岁组和 13 岁组儿童分别进行了实验研究，结果表明：年幼组儿童中，有 68% 的孩子的口音被认为"酷似说本族语的人"，而在年龄较大一组中这样的儿童只占 7%。而且，对它的狭义限定既不利于儿童早期（0 ~ 6 岁）阶段语言一体化研究与教育，也不利于学前儿童语言的健康发展，更不利于实际教育工作中对学前儿童语言的健康发展以及对学前儿童语言的发展的具体指导。

二、广义的幼儿园语言教育

广义的幼儿园语言教育是研究 0 ~ 6 岁学前儿童的语言获得和学习现象及其规律的训练与教育，是对这一时期儿童加强听说、读、写的训练与教育。在儿童时期，除了有严重的学习语言障碍，一般正常儿童都能成功学会母语的口语。在现有的教育条件下，绝大多数儿童为成功学习母语的书面语，从出生就开始进行早期阅读的训练。有条件的儿童还要学习一到几门外语。随着科学技术的发展和社会观念的进步，即使有学习语言障碍的儿童，如聋哑儿童，也能不同程度地接受语言康复教育。

广义的幼儿园语言教育扩大了教育对象的范围，增加了语言学习的内容，体现了语言研究的重要意义，对于了解这一时期儿童心理现象的特点和规律有重要的理论意义。儿童心理本质上不同于动物心理，也有别于成人心理。因为动物不会用语言进行交际，而儿童又不完全如成人一样娴熟运用语言进行交际。这一时期的儿童也是生理、心理活动不断完善和发展的过程。

因此，只有认识语言活动的规律，揭示儿童真正心理活动特点，才能使学前儿童语言教育学成为研究儿童语言发展的一门真正科学。语言活动是儿童最重要的、最频繁的一种活动，正确地表达和接受语言，直接关系到儿童各个领域的实践活动。语言在个体发展尤其是智力发展中有着至关重要的作用，儿童经验的积累、意识与自我意识的发展、认知能力的发展、逻辑思维能力的发展都和语言能力的发展分不开。因此，广义的学前儿童语言教育的研究对于开发儿童智力、培养现代化所需的各种人才具有重要的意义。

学前期儿童的语言是主体与客体交互作用的产物，它能促进儿童认知和个性的发展。近几年来，儿童语言的发展中存在不同程度的问题，特别是随着城镇化发展，幼儿缺乏语言交往的环境和机会，他们的词语贫乏，语言的完整性、连贯性、流畅性非常不够，语言能力大幅度滑坡。事实上，影响幼儿语言能力发展的因素很多，例如：幼儿先天的生理发展与成熟，认知发展水平，周围的环境及教育的影响等，其中家庭和幼儿园教育是重要的环境因素。家庭是入园前幼儿生活的主要场所，父母是幼儿第一任"教师"，孩子在入园前所受到的教育影响大都来自于父母。入园后，孩子的大部分活动时间都在幼儿园度过。因此，家庭和幼儿园的教育环境、家长和幼儿教师的观念、教养方式等都对幼儿的语言发展具有举足轻重的影响。现代社会是一个高度信息化、国际化的社会，语言信息交流频繁，语言作为交际工具，已经越来越受到人们的重视。幼儿语言能力更是其生存、游戏、学习的基础，对幼儿来说，语言是用来表达思想、交流信息的，他们所接受的各种教育都伴随着听和说的过程，有了初步的语言接受力、表达力，幼儿就能较好地接受各种教育影响。从可持续发展的角度来看，将来幼儿要走向社会，要与人交流、交际，甚至谈判，都离不开语言。未来教育的四大支柱提出要让孩子学会认知、学会做事、学会生存、学会生活，这些都需要有一定的语言能力。语言已经成为每个人工作、学习、生活的重要条件和保证。因此，发展幼儿语言能力，从小培养幼儿敢说、愿意说、会说是至关重要的，也是21世纪人才所必需的语言素质。

第二节 幼儿园语言教育的研究任务

研究幼儿园语言教育的最终目的是促进幼儿语言的发展，使幼儿能够在多元的竞争社会中运用这个交际工具，也是为上小学进行下一步学习书面语言打下良好的基础。因此幼儿园语言教育的研究任务主要包括以下四个方面。

一、探讨幼儿园语言教育的作用

幼儿园语言教育的任务包括以下五个方面。

（一）促进学前儿童语言和行为的社会化进程

语言教育的基本任务就在于促进学前儿童语言能力的发展。因此，语言教育的首要任务就是提高学前儿童的发音清晰、词汇丰富、口语表达完善、语言交往技能，以不断推进儿童社会化进程。

在语言教育中，儿童通过成人提供的各种各样的语言范例，包括日常对话、故事、诗歌等，自己去感知、体会、理解和记忆。在此过程中，学前儿童不断积累新的语音和词汇，不断吸收新的句式和表达方法，然后把这些他人的语言逐渐转化为自己的语言，用来表达自己的思想和情感，并对他人的行为施加影响，完成各种交往任务，不断完善其社会交往技能。

儿童获得语言，在心理学上被称为"儿童社会化的一个里程碑"，对儿童的身心健康和全面发展具有积极影响。儿童获得语言之后，就能运用语言与周围人进行交流。这种交流有利于儿童克服以自我为中心的倾向，使他们能主动适应他人，并在此基础上逐渐形成语言的自我调节能力，使自己情感、态度、行为、习惯等与社会规范接近并吻合。如"未经允许不能随便拿别人的东西""自己的事情自己做""得到别人的帮助要说谢谢"等，这都是社会对儿童语言行为的要求。先是成人用语言对儿童进行约束的"他律"，以后儿童可以用语言进行"自律"，形成较固定的语言行为习惯。同时，儿童语言和社会化行为的发展，也使得儿童社会交往的需要得到一定满足。

（二）抓住关键期的语言教育可为儿童心理发展奠定了牢固的基础

"关键期"一词最初是从动物心理实验研究中提出来的。根据实验室资料显示，在动物早期发展的过程中，某一反应或某一组反应在某一特定时期最易于获得和形成，如果错过这个时期或阶段，就很难再出现这样的好时期，也就是所谓的"关键期"或"关键年龄"。

这种现象最初是由奥地利生物学家劳伦兹发现的，小鸭子在出生后不久所遇到的某一种刺激或对象（母鸡、人或电动玩具），会印入它的感觉之中，

使它对这种最先印入的刺激产生偏好和追随反应。当它们以后再遇到这个刺激或和这个刺激类似的对象时，就会引起它的偏好或追随。但是，如果小鸭子在孵出蛋壳时间较久才接触到外界的活动对象，它们就不会出现上述的偏好或追随行为。这一现象被劳伦兹等称为"印刻"。劳伦兹在进行这项实验时，让刚刚破壳而出的小鸭子不先看母鸭子，而首先看到劳伦兹自己。于是，有趣的事情发生了：劳伦兹在小鸭子前面走着，身后跟随着几只小鸭子，小鸭子将劳伦兹当成了自己的母亲。进一步研究发现，小鸡、小鸟等辨认自己母亲和同类都是通过这一过程实现的。而且，这一现象在其他哺乳动物身上

图1-1 动物的印刻

也有所发现。一般来说，小鸡、小鸭的"母亲印刻"关键期发生在出生后的10～16个小时，而小狗的"母亲印刻"关键期发生在出生后的3～7周。研究还发现，动物在关键期内不但可以对自己的妈妈发生"母亲印刻"，而且如果自己的妈妈在小动物出生后不久就离开的话，它们也可以对其他动物发生"母亲印刻"。这就是为什么小鸭子会追随劳伦兹的原因。

后来，人们把这种动物实验研究的结果应用到早期儿童发展的研究上，提出了儿童各种心理发展的关键年龄问题。对于语言，有关专家研究认为：2～3岁是儿童口头语言发展的关键期，4～5岁是儿童书面语言发展的关键期，这一时期婴幼儿的听觉和言语器官发育逐渐完善，已经具备正确发出全部语音的条件，发音机制开始定型。因此，这个时期一定要教会儿童正确发音，否则补偿教育将很困难。在词汇方面，3岁儿童能掌握800～1000个词，发展到6岁能掌握3000～4000个词。在语法方面，由掌握简单陈述句的语法形式发展到掌握多种句式的语法形式。在正确的教育下，幼儿入学前就能够自如地运用口语表达自己的见闻、愿望、情感等。如果婴幼儿在发展语言的关键期没有学语言的条件，以后就不能真正学会说话。众所周知，当印度"狼孩"卡玛拉7、8岁被发现，回到人类社会开始学习说话时，经过几年的艰难训练，也只会说一点点话，到17岁临死时只学会了十几个单词，智商只相当于4岁孩子的水平。这表明如果错过了语言教育关键时机，将造成不可逆转的后果。因此，父母在对孩子进行早期教育时，一定要抓住语言教育的关键期。如在2～3岁儿童口头语的第一关键期，就应多让孩子学发音、学讲话、学儿歌、学说外语等。

（三）促进学前儿童学习能力和认知能力的发展

语言具有高度的概括性，语义内容也相当丰富。儿童语言的加工与其他认知加工有许多相似之处，对儿童的认知过程起着重要作用。儿童通过对语言的加工——理解语音、抽象和概括告等语法规则，使认知能力训练得到提高。语言通过词语、概念向儿童传递间接经验，扩大了儿童的眼界，提高了儿童的思维能力和想象能力，这些均有助于儿童学习能力的发展。

语言在儿童的学习和认识中有以下几个方面的作用。

1. 用词命名

把事物的名称、形态、习性等准确表达出来。如幼儿认识公鸡，能叫出公鸡这一名称，还能说出公鸡头上红色的鸡冠、尖尖的嘴、漂亮的羽毛、两条长长的腿等这些外部形态。有了词的标志和解释，儿童才能对事物由感知转化为理解，进而得到巩固。

2. 借助于词，区别类似的对象

婴幼儿由于知识经验贫乏，知觉精确性差，在认识相似事物时，常发生混淆。如幼儿有时分不清狼和狗的外形特征，这时成人就可以借助于词，让幼儿对两者进行比较，可边观察边指出它们的不同：狼的嘴较大、腿较细、尾巴长，并且向下拖着；狗的嘴比较小、腿较粗、尾巴短，是向上卷起来的。在观察过程中，也可以让幼儿在观察时，自己找出它们的不同，用语言描述出来，观察不到之处，成人适当用言语启发，这样也锻炼了幼儿分析、比较的能力。

3. 借助于词，认识事物的共同特征

儿童只有一定的语言概括能力，才能找出事物的共同特征，幼儿需在成人的启发和帮助下，逐渐学会概括。成人可以指导儿童先区别鸡和鸭的不同之后，再启发幼儿寻找出鸡和鸭的相同点：都有羽毛、翅膀、两条腿和脚，肉可以吃，母鸡和母鸭都会生蛋等。

4. 借助于词，了解事物的本质特点和非本质特点

幼儿思维水平较低，对事物的认识容易不分主次，经常会把事物的非本质特征当作本质特征。如"这里有一只黑色的小白兔"，非本质特征是兔子的颜色，他们会认为所有的兔子都叫做小白兔。在这种情况下，成人就要借助于词进行解释：所有的兔子都长着长耳朵、红眼睛、短尾巴、前腿短、后腿长、走起路来一蹦一跳的，这是兔子的本质特征。而兔子的颜色，如黑色、灰色、棕色、杂色等是兔子的非本质特征。

语言作为认识世界的重要工具，不仅能让儿童直接认识事物，而且还能

帮助儿童间接、概括地认识事物。比如孩子通过品尝，知道山楂是"酸"的，下次再认识柠檬时，只要告诉他柠檬是"酸"的，孩子不品尝就能体味出来。也就意味着儿童把感性的用词记载并储存在头脑中构成知识，需要时可随时提取。

语言还是思维的重要工具，在直接的感知、表象进入分析、综合、判断、推理、概括等抽象思维的过程中，语言起着非常重要的作用，没有话语，就不可能进行抽象思维。同样，由于认识范围的扩大，认识内容的加深，儿童的语言也逐渐丰富起来。语言的发展过程，也就是认识发展和深化的过程；语言水平的提高，语言与认知能力的结合也愈密切。朱智贤教授认为，儿童语言连贯性的发展是儿童言语能力和逻辑思维能力发展的重要环节。心理学家也普遍认为儿童早期语言能力的发展是他们早期认知发展的重要标志。

（四）促进儿童语言学习的兴趣

斯金纳的"强化说"认为：婴儿学说话前，通过无意识的发声而得到父母的鼓励和反应，这种刺激在某种意义上使孩子对发音活动产生兴趣。同时，父母又以正确的语音词进行强化，所以乳儿期的咿呀语也朝着正确的语音和语义方向发展。随着语言的不断丰富，儿童的言语交往技能不断提高，儿童学习和运用语言的兴趣也越来越高。一旦儿童对语言产生兴趣，就尽可能主动要求学习更多的语言信号，尝试更复杂的言语技巧，语言的潜能才能得到尽情的发挥。这种兴趣不仅对儿童当前的语言学习活动产生积极的影响，而且可能影响到他们入学乃至成年后学习和运用语言的兴趣。

（五）为书面语言的学习打好基础

传统的语言学论著认为，书面语是口语的记录符号，是口语的记录形式，先有语言（口语），后有文字。最近的研究表明，口语和书面语历史起源是同步的，但功能不一样。口语起源于呼喊，文字发轫于涂鸦，新石器时代原始人在岩洞、陶瓷、泥土上所刻画的象形符号，可能是世界各国文字的最初形态。口语是听觉符号，主要负责日常交际；书面语是视觉符号，主要表达心中的意象。从文字起源的角度看，口语和书面语虽有联系，但却是两种功能和性质不同的符号系统，是可以分开学习的。这种既同步又分离的关系在个体语言发展的特例中也能找到依据。例如，幼儿在学说话的时候，就可以同时认识汉字、符号和图形。有时候幼儿不会说某个单词，却能指认汉字和图形。又如，过去农村的村支书和村长大多是文盲，大字不识一斗，说起话来却滔滔不绝，逻辑严密，很能服人；相反，聋哑人从小不会说话，却能学习文字，用手势语和书面语与他人交流，也能基本满足日常生活和学习的需要。

但是在当代社会，在中小学就读的学生都是健全的孩子，从小生活在书面语充斥的现代文明社会，口语和书面语发展完全分离的现象已经很少见到了。笔者有个假定，每个孩子生下来就具备学习所有语言文字的潜能，孩子口语超前、书面语滞后的状况是生活和教育等后天因素造成的。因此，语文教学的任务就是在儿童已有口语发展的基础上，通过学习语文，促进儿童口语和书面语同步协调发展。儿童进入小学后，应该以学习书面语为主，同时提高口语交际的能力。

语文教学的重点是让儿童学习用书面语进行交流和自我交流。如果孩子入学前就学会普通话的准确语音，掌握大量的词汇，有一定的口语表达能力，入学后学习认字、读书和作文时，把看到的字形应的语音联系起来，理解文字内容和用文字表达就比较容易了。再加上学前阶段成人有意识地训练孩子口头组词、组句和口语表达能力，让孩子现想现说、有条理地说，就可以促进孩子思维的敏捷性、灵活性、流畅性和逻辑性的发展。这些因素均可为孩子入学后学习书面语打下基础。不明白这一点，就会认为是加大口语和书面语发展的差距，影响孩子今后的学习和发展。

二、揭示幼儿园语言发展与教育规律

充分描述学前儿童语言的发展过程是科学研究的基础，但不是研究这门学科的最终目的，科学研究的最终目的是在描述的基础上揭示出语言发展与教育的规律，这样研究才具有真正的意义。

近年来，我国许多心理学工作者在对学前儿童言语发展的研究中，已经揭示了一些语言发展与教育的规律。如刘兆吉等《三至六岁儿童语言发展水平初步调查研究之一》、史慧中《中国儿童青少年语言发展与教育》的研究表明：学前儿童对于声母、韵母的发音，是随着年龄的增长而逐步提高的，而且发音的正确率与年龄的增长成正比，错误率与年龄的增长成反比。这充分说明儿童语音发展与发音器官的成熟程度有十分密切的关系，不同教育条件下的儿童，在语言发展上存在较大差异。陈志君等《三至六岁儿童语言发展水平初步调查之二》用看图说话、复述故事对儿童口头表达的顺序性、完整性和逻辑性进行了研究。结果表明，学前儿童的表达能力随着年龄的增长而提高，其中口头语言的顺序性发展最好，其次是完整性、逻辑性的发展在整个学前较为落后。再如，我国学者对入学前儿童词汇的内容进行了十分详尽的研究，对于名词的研究结果表明，无论在学前期哪个阶段，运用具体名词的量都远远高于抽象名词的量，而这两类名词的年增长率却是抽象名词高于具体名词。对动词的研究结果表明，反映人物动作和行为的词汇量占整个学前期儿童动词词汇量的 80%，而其他类型的词汇量则比重较小。对于形容词的掌握和使用，多是描述外形特征、颜色和日常生活中的感受。

许多教育工作者在实际教学工作中摸索出了许多经验，揭示了儿童语言发展的一般规律，也取得了一定成效。但是，这些依靠探索所揭示的规律还是很有限的，许多规律就是在这样有限的材料中概括出来的，其结果是否具有普遍性还有待于事实的进一步的检验。总之，学前儿童的语言发展是有一定规律可循的。只有在充分认识这些规律的基础上，才有可能充分发挥教育的优势。

三、解释幼儿园语言发展过程及各种现象

科学的力量在于解释，解释是科学研究最高层次的追求。幼儿语言发展的研究诸多结果可以用来解释幼儿语言发展过程的许多现象。多年来，对人类语言发展的研究有一个重要发现，那就是儿童的心理，主要是与成人交际过程中吸取人类经验而发展起来的，言语在这里起着极为重要的作用。无论儿童个体间差异如何，语言所起的作用和儿童掌握母语的过程都有惊人的相似之处。

巴甫洛夫指出：词、言语、第二信号系统给人的高级神经活动带来了新的原则，从而使人的心理与动物的心理有了本质的差别。

词、言语在儿童心理发展中的主要作用有二。一是概括作用，列宁指出："任何词（言语）都已经是在概括。"在直观的第一信号系统的基础上，形成了词的联系即第二信号系统以后，人就能凭借对外界刺激物进行不同等级的抽象概括，从而使人有可能认识事物的本质属性和规律性。例如，"桌子"一词可以概括各式各样的可以概括桌子，而"家具"一词则可以概括桌子、椅、床、衣架等等用具在内。二是调节作用，通过词、言语调节人的行为，使人的行为成为有意的、自觉的行为。但是，在儿童的心理发展上，词、言语的作用并不是立刻实现的，而是要经过一定的发展过程逐步实现的。心理学家对儿童的言语发展进行了大量研究，总结了儿童言语发展的阶段性特点。

儿童言语发展速度是很快的，一般在 5～6 岁时，儿童就已经掌握了其母语的大部分内容。早在 1 岁前，儿童就能由咿呀学语转而说出第一个字。到 2 岁时，大多数儿童就已开始将字词合并，组成简单的句子。就这样，儿童通过跳跃式前进，言语水平不断提高，词汇量突飞猛进，所使用的句子也显著变长，开始造出句子并理解复杂句。然而，如果说儿童 6 岁前就学完了语言的全部，那是不恰当的。因为语言的很多细节都是在初小阶段（6～12 岁）

甚至更晚些的时候才能得以完善。但是言语发展的一般理论都是以学龄前儿童言语发展为研究对象的。

（一）牙牙学语阶段

婴幼儿学会说话前，能发出很多声音：哭、笑、叫等。在 5～6 个月，婴儿所发出的牙牙语类似于成人语言中所使用的声音，并能将辅音和元音结合而连续发出，在牙牙学语阶段婴儿常发出这种声音，没有别人在场也是如此。

生长在不同社会文化背景下的婴儿大约都在同一年龄阶段开始牙牙学语，而且发出的声音中，有很多都是相似的。有人录制了不同国家婴儿的咿呀声加以比较，结果发现，一般人很难凭借这些咿呀声来区分这些婴儿的国籍，这些咿呀声太相似了。可见，自发性咿呀声的产生，似乎受到生理或成熟因素的影响。从总的方面来看，儿童的生理因素或所处的文化环境都不会影响到儿童牙牙学语的进程。

从牙牙学语期开始，幼儿在发音方面经历着两个相反相成的过程，一方面逐步增加符合母语的声音，另一方面也淘汰环境中不用的声音，直至 1 岁左右，大多数儿童开始产生第一个能被理解的词。牙牙语的作用主要是通过这一阶段，学会调节和控制发音器官的活动，为以后真正的语言产生和发展打下牢固的基础。

（二）单词句阶段

儿童在 1 周岁左右，开始能说出有意义的单词，对于经常接触的人或物，能在不同情况下正确称呼，表现出了一定的分化和概括。但吐字吐词十分缓慢，最初说出的单词只是作为事物或动作的一般标志，随后不久开始出现单词句。单词句指儿童用一个单词来表达比该词更为丰富的意思。例如，某些情境、意愿、感觉状态等，成年人需用完整的一个句子表达，而儿童则用某个单词来表达，如一个叫熙熙的小男孩说"bao"，并反复提到，听者可能感觉莫名其妙，直到母亲过来解释：小熙熙在说要吃面包。此时，才恍然大悟。

儿童使用单词句有以下特点。

①动作与表情紧密结合。

②意义不太明确，语言不太清晰，成人必须根据儿童所处的情境和语调线索来推断其意思。

③词性不确定。经常把名词当作动词使用。这说明，儿童处在单词句时期，实际上并没有掌握句子的结构和语义范畴方面的知识，只是一概用单词对整个情境作笼统的表述。

（三）双词或三词组合阶段

从1岁半到2岁开始，儿童语言出现了由双词或三词组合在一起的语句，如"妈妈鞋鞋""爸爸包包"等，这种句子虽比单词句表达的意思要明确一些，但其形式是断续、简明和不完整的。

儿童双词句的发展起先比较缓慢，以后的发展则急剧加快，在比较短的时期内逐渐出现了词的大量组合，并开始能适当用单词或两个词组合起来粗略地表达语义关系。

（四）完整句阶段

很多儿童在2岁前说出的话还不是真正的句子。到2～3岁，他们学会了说出有主语和谓语的句子，他们会说："爸爸出去了""汽车到哪去？""妈妈抱宝宝"。这些句子基本都是完整句，句法发展过程是从无修饰的简单句再到复杂句。

尽管在此阶段，儿童语言的发展速度都很快，但每个儿童的言语发展速度有很大的个体差异。一个3岁的小孩，可以说出比其他3岁小孩长得多且复杂得多的句子，因而衡量儿童的言语发展，年龄不是很精确的尺度，目前往往采用"口语语句平均长度（MLU）"为指标。MLU的值是这样计算的：先算出儿童所说句子包含字词或音节的总数，然后以此总数值除以句子的个数即可得口语语句的平均长度。例如，一个小孩说了100句话，然后，计算100句话中总共包含的字词或音节数。如，总共有300个字词或音节，那么即可得出小孩的MLU是3。

儿童的言语发展到3～5岁时，变得异常复杂化了。一方面是儿童使用的句子增加了，词汇量扩大了。但除此之外，儿童造句所使用公式变化了，大约到5岁时，儿童开始使用具有成人语句特点的两种句子——修饰句及反意疑问句。

四、研究幼儿园语言教育实践应用的理论和方法

一般来说言语发展理论如果能解释以下三个重要事实，才能为大家所承认。

首先，为什么各种言语的基本成分如此繁杂，而来自不同文化背景的儿童所采用的基本方式竟如此相同。其次，儿童在入学接受正规教育前，已掌握了很多言语知识，而父母则根本未给他们任何正规的语言训练，那么为什么儿童能在非正规的条件下，掌握了相当多的语言知识呢？最后，儿童的言语和思维是紧密联系的，他们在认识了周围环境后，开始学会谈论周围的各

方面事物，这些现象又作何解释呢？

下面，就以上内容介绍并分析三个言语发展的重要理论。

1. 言语的模仿说

以班杜拉的社会学习理论为基础的"模仿说"认为，父母与儿童交谈为儿童提供了语言句法、语法模式。儿童通过模仿，不断掌握新的字、词、句法、语法等，言语能力得到提高，逐渐接近成人水平。

人们通常认为，儿童模仿了父母的言语行为，因此学会了使用言语，言语的"模仿说"正是由此发展起来的。事实上，这种理论只能简单解释言语发展中的一部分现象。许多事实证明，如果要求儿童模仿的某种语法结构和儿童已有的语法水平距离较大时，即使反复模仿，儿童也总是用自己已有的句法形式去改变示范句的句型。另外，儿童还经常在没有模仿型的情况下产生和理解许多新句子。这些很难用"模仿说"加以说明。

2. 先天语言生成说

该理论认为，尽管环境存在很大差异，而每种语言的词义和句法也存在很大差异，结构异常复杂，但人具有一种先天的特殊言语获得装置。所以，人类很快就能掌握有效语言。

这种理论有一定依据的。伦尼伯格（Leneberg，1967）分析了人类言语的生理基础，指出：人脑的某些特征，以及鼻腔共鸣结构、面部（牙齿和嘴等）决定了人类区别于其他动物，因而能发展语言。虽然这种分析仅限于口头言语的范围，格其文德（Geschwind，1970）等人的一些研究也同样发现：人脑的某些结构及特殊功能为人类所有，这也决定了只有人类才具有言语能力。

尽管仍有许多学者反对这种观点。然而，以下两种事实无疑支持了言语先天生成说。

①儿童在5～6岁时，言语学习有着显著进步。②儿童未经教育也可掌握语言，并能达到相当水平。因此，语言学家乔姆斯基断言：人类肯定具有语言学习的先天接收装置（LAD）。如果不这样，那么人不经过正规训练肯定不会如此轻易且有效地掌握语言。

这个语言获得的体系图示如下：

语言材料————→ LAD ————→语言能力（理解和产生句子的能力）

   输入   加工

有三个事实支持：一是所有健康儿童获得本民族语言无须专门训练；二是没有任何动物可以获得与人类同等程度的语言；三是大脑的某些区域显然有特殊的言语机能区。

3. 言语学习的认知加工说

该理论认为，言语的发展以认知发展为基础和前提。言语以一种特定的规则、方式出场，是因为儿童通过言语来表达他们对世界的认知和理解。皮亚杰（Jean Piaget）是该理论的代表人物，他认为语言依赖于思维，某种字词与短语出现于言语中，必须是在儿童掌握了相应的认知规则之后。皮亚杰举例说，只有儿童在最终认识到藏匿起来的东西并未消失这一点时，他才可能开始谈论不在眼前的东西。最近一项关于三个儿童的言语与认知能力发展的研究，其研究结果支持了皮亚杰的观点。该研究表明，儿童只有在他们达到能寻找藏匿起来的东西的水平时，才能谈论目前不在眼前的东西。言语学习的"认知加工说"对儿童言语发展意义重大，因为儿童的言语反映了儿童对周围环境的理解和认识。

还有以斯金纳的工具性条件反射为基础的"强化说"。该理论认为，父母总是对孩子的发音活动进行鼓励和反应，以刺激孩子发出更准确的音。同时，父母又总是以正确的语音词对孩子的发音活动进行强化，所以乳儿期的咿呀语也愈朝着正确的语音、语义方向发展。另外，还有以巴甫洛夫的"两种信号系统学说"为基础的理论等。

总的来说，我们认为这几种理论各有可取之处，但单就某一理论而言是不能充分说明言语获得过程的。

第三节　幼儿园语言教育与研究的未来展望

经过 200 多年的历史发展研究，人们对儿童语言发展的基本面貌已经有了一定认识。对于制约儿童语言发展的一些因素，以及这些因素的作用进行了一些有益探讨。关于儿童语言发展的内在机制，人们提出了许多假设，形成了一些理论，并探讨了如何促进儿童语言发展的一些行之有效的研究方法。

但对学前儿童语言教育的研究却到 20 世纪中叶才逐步发展，在 80 年代，关于学前儿童语言发展和语言学习方面的研究引起幼教界重视，其研究地位和研究价值得到大幅度提高。较早论及这一命题的研究者强调了学前儿童语言学习的特殊性，提出在进行语言教育时应根据教育对象语言发展的规律，创造条件激发他们语言学习的积极性。1982 年，南京师范大学教科所赵寄石的《从心理学角度看婴幼儿语言教育》一文，触及了这一实质问题，对当时的语言教育改革起到一定的导向作用。中央教科所史慧在 1874 年发表的《3～6 岁儿童心理发展与教育》与 1990 年发表的《为幼儿园语言教育纲要的修订提供依据》这两篇文章，也在探讨中国儿童语言发展问题的基础上，提出了同样的观点。

21世纪学前儿童语言教育和研究学术积累、学术价值和社会应用价值将不断向前发展。当前学前教育界处于激烈的变革时期，曾经被认为是强有力的理论，都在渐渐失去它们的真正力量和光芒，人们正试图对所有理论进行新的阐述或建构新的理论框架。对未来的儿童语言教育和研究的走向，可以依照学术发展的规律作出以下宏观的展望。

一、幼儿园语言教育的多元化

语言教育多元化问题一直是幼儿园语言教育的研究热点。在儿童语言教育的发展史上，曾不断出现占统治地位的观念。但是，在未来的学前儿童语言教育与研究领域，将很难再出现这种"一家独大"的局面。在研究的各个方面，都会表现出多元化的趋势：理论观念的多元化、教育内容的多元化、教育指导方式的多元化、教育目的的多元化、教育研究域的多元化、教育研究方法的多元化、研究人员学术背景的多元化、儿童语言交际环境和语言教育环境多元化等，这种学术发展的多元化是学术繁荣的标志，也是百家争鸣时期学术观点的显著特点。

目前，幼儿园办园类型也呈现多元化，有民办的、私立的、政府资助的也有各种类型合资办园的。幼儿园的语言教育课程也呈现多元化的情况，有人提出让学前儿童语言教育多元化与本土化相互结合。如以国语为主，乡土语言和英文教育为辅，鼓励孩子在游戏或活动中自然而然的学习语言，激发幼儿多元化学习语言的兴趣。

由于全球一体化效应，我国幼儿园的语言教育正在遭遇以前所没有过的多元文化的冲击，波及语言教育的范围正在扩大。如西方一些言语行为模式和非言语交际的手段等都在进入语言教育的范畴。例如，中国传统社会里言语行为上以谦虚为美德，当听到赞扬一词时应该说"哪里哪里"；但由于西方文化的形象，这种言语行为遇到了挑战，现在同样情况下说"谢谢"已经成了一种时尚的象征。

由此看来，语言教育多元化现象是社会对语言使用的要求越来越高。然而，人们接受语言教育的时间和空间却越来越少，这是当今语言教育中存在的不容忽视的问题，因此幼儿语言教育正在面临严峻的挑战。

二、重视幼儿语用能力的发展

语用能力即语言运用能力。儿童语言运用能力的发展是非常值得重视的研究领域，因为儿童是在语言运用中获得和发展语言的，也是通过语言的运用发展认知，进而促进其社会化的进程。所以，重视幼儿语言运用能力的发展，增强儿童的语用能力和人际交往能力，是当今社会人才所需要做的。此外，学前教育学和儿童心理学的发展，儿童语言文学的兴起，以及其他相关领域学科的兴起，已经为儿童语言运用能力的发展和研究提供了许多重要的理论和方法，后继的研究也将推动和不断完善儿童语言教育的研究和发展。

目前，儿童语言运用能力的培养主要通过家庭、幼儿园专门的语言教育活动和日常活动中所接触的其他环境等途径进行。

三、重视支持性语言环境的创设

支持性语言环境是指能为幼儿语言发展起到良好促进作用的环境。支持性语言环境使儿童能将头脑中已有的知识和当前话语的信息很好的整合起来，促进对当前语言的理解。近年来，国际上特别关注支持性语言教育环境的问题，提倡在教育过程中成人负责认真地对儿童的各种需要和行为作出反应，因此教育者的责任和义务在于促进儿童的学习倾向，提高他们的学习感受能力，这将有助于儿童形成终身积极参与学习的进取心。

在支持性语言环境的创设中，教师要特别支持幼儿语言学习的个别需要，支持幼儿开放而平等的语言学习，支持幼儿在活动中扩展语言的经验。

四、对早期阅读方面的重视

2001 年，我国《幼儿园教育指导纲要（试行）》中，第一次明确地把幼儿早期阅读方面的要求纳入学前儿童语言教育的目标体系。指出要"培养幼儿对生活中常见的简单标记和文字符号的兴趣；利用图书绘画和其他多种方式引发幼儿对书籍、阅读和书写的兴趣，培养前阅读与前书写能力"。这是我国幼儿教育与国际幼儿教育接轨的一个信号，从国际上对幼儿早期阅读的研究来看，幼儿是可以阅读的但不只是文字方面的阅读。阅读是一个大的概念，具有更为广阔的范围，人们不但阅读文字图画、图表，而且还能够阅读路标；看相的人能够阅读人手上的线条；老农能够阅读天象；耳聋的人能够阅读嘴唇的活动；打猎的人能够阅读野兽的足迹等，它们的共同特点就是这类阅读是对于视觉记号的解释。不过，对于广泛的阅读活动来说，并不只限于视觉的范围，如盲文的阅读就不是通过视觉来进行的。因此说儿童可以阅读的范围是非常大的。

纵观国际国内，早期阅读已经成为国际上幼儿语言教育的重要内容，也是终身教育下儿童语言教育的发展趋势。

美国是世界上最重视发展前阅读与前书写能力的国家。在《教育指南》

中指出了儿童早期阅读能力培养的重要性，并将此作为预测儿童未来读写能力发展水平和其他方面发展的一个重要指标。提出"在儿童还没有接受正式的书面语言教育前，就要提供机会让儿童明白阅读和书写是有意义的"。英国的《课程指南》针对语言教育方面用"交流语言、读写"作为标题，指出"不必在幼儿园进行识字与写字的指导，但要使幼儿自然地对文字产生兴趣"。日本的1990年和2000年《教育纲要》中更是明确地提出了前阅读与前书写的概念，这些都说明国际上都在重视早期阅读即前阅读与前书写能力的发展，即早期阅读。

美国教育心理学家布卢姆在《人类特性的稳定与变化》中，通过对千名儿童的追踪分析，提出了著名的假设：若以17岁时人的智力发展水平为100%，则4岁时就已具备50%，8岁时达到80%，剩下的20%是从8～17岁的9年中获得的。心理学家和教育学家的研究表明，儿童早期阅读、计算能力对日后的智力发展影响最大。这两项构成了一些儿童的主要学习障碍，早慧的孩子有一个共同的特点之一，那就是喜欢阅读。

1998年美国教育机构的一项研究发现，儿童的学习能力在入学之前就已得到不同程度的发展。因此，儿童的早期教育至关重要，早期阅读则是早期教育的重要内容之一。专家认为，0～3岁是培养儿童对于阅读兴趣和学习习惯的关键阶段，3～6岁则更侧重于提高儿童的阅读和学习能力。美国心理学家推孟经过多年关于"天才发生学"的研究成果表明：有44%左右的天才男童和46%的天才女童，在5岁之前就开始阅读了。

因此，在欧美发达国家，孩子们的早期阅读得到了早期教育专家的高度重视。从国际上看，美国在20世纪50年代开始研究系统的早期阅读，一些发达国家在80年代把儿童智能教育的重点放在提高阅读能力方面。如今，早期阅读已经成为发达国家早期教育的重点。

但是在今天，由电视、电子游戏和网络所构筑的科技世界中，孩子与书本的距离却越来越远了。因此，近年来世界各国所推动的教育改革，几乎都把推广阅读风气、提升阅读能力列为重点，甚至识字率或阅读能力在全球名列前茅的英国、日本、芬兰等国，都纷纷发起"全国阅读年"的活动，希望举倾国之力，塑造良好的阅读环境。

五、影响幼儿语言教育因素的研究

对于儿童语言教育因素问题的探讨，是学前儿童语言教育重要的理论研究和实践研究的方向，它将成为儿童语言的一大热点。如语言教育目标、教育内容、教学方法、教育手段、教育途径、活动材料、师生互动、教师语言素质等因素，对幼儿获得语言经验产生影响，吸引众多研究者的注意力。自幼儿园语言教育改革起步以来，语言教育内容的问题便一直受到广大学者和教师的普遍关注，这些年来的研究虽然获得了一些进展，但今后的研究任务仍然相当艰巨，新的时期必须把这项幼儿园语言教育研究继续推向高潮。

思考题：

1. 学前语言教育研究对象是什么？

2. 狭义的学前儿童语言教育是什么？

3. 广义的学前儿童语言教育是什么？

4. 学前语言教育的研究任务是什么？

5. 试述儿童语言教育与研究的发展趋势。

第二章　幼儿园语言教育目标

教育是有目的、有计划地对教育对象施加影响，使他们在思想、感情、行为等方面发生变化的过程。对学前儿童进行语言教育，要通过语言教育活动达到什么目的，获得什么样的效果，促进学前儿童的语言产生什么样的变化，是每一位学前教育工作者必须了解的问题。学前语言教育的目标，就是对学前儿童语言教育的目的和要求的归纳，是我们实施语言教育的方向和准则。有了明确的目标，我们才能在语言教育过程中有的放矢地选择适合学前儿童学习的内容，采用适当的组织活动方式，并能恰当而有依据地评价语言教育的效果。

第一节　制定幼儿园语言教育目标的依据

我国现行的《幼儿园教育指导纲要（试行）》（以下简称《纲要》）中，把幼儿园语言教育的目标确定为以下五点。

①乐意与人交谈，讲话礼貌。

②注意倾听对方讲话，能理解日常用语。

③能清楚地说出自己想说的事。

④喜欢听故事看图书。

⑤能够听懂和学说普通话。

幼儿园教育目标的制定是根据学前儿童保育与教育的总体要求确定的，它是学前儿童教育总目标的重要组成部分。任何教育目标的制定都不是凭空产生的，而是有一定的客观依据。

一、社会的要求

教育要培养什么样的人才是受一个国家的政治、经济、文化和社会各个方面制约的，学前儿童语言教育的目标可以从以下三个角度分析有关社会的要求。

第一，教育目标应当反映中国社会主义社会在现阶段的价值观念和取向。

一方面，马克思主义关于人的全面发展的教育思想，指导我们充分认识儿童全面发展中语言具有重要作用，使我们意识到语言是儿童德、智、体、美、劳全面发展不可缺少的组成部分，也是体现儿童发展水平的一个重要指标；另一方面，几千年中国优秀传统文化要在我们对学前儿童实施的教育中继承下去，通过语言教育来承担文化传递的任务是非常重要的。

第二，教育目标要适应我国生产力发展水平对人才培养的要求。近年来，我国科学技术革命和生产力的迅速发展，要求教育所培养的人才不仅能掌握现代科学技术，拥有良好的品德和心理素质，还要具备良好的交往能力、吸收新信息的能力和创造的能力。上述要求促使我们要充分重视学前儿童的语言教育，并需要据此设计语言教育的目标和计划。

第三，教育目标还需要具有一定的超前性。我们步入 21 世纪，处在终身教育的时代，这就要求我们培养出来的人才不但是我国现代化建设的主力军，而且还要在国际上具有竞争的能力。加入世界贸易组织（WTO）以后，我们的人才就要面向国际。因此，教育目标要考虑未来社会的需要，在一定程度上反映未来社会对建设人才素质的要求。

二、学前儿童生理心理发展的规律

教育目标的制定必须时刻关注教育对象的兴趣与需要、认知发展与情感形成、社会化和个性养成等，必须充分地了解并尊重儿童发展的客观规律。也就是说一个好的教育目标应该是与时俱进的，因为教育的对象是人，教育的一个基本职能是促进教育对象的身心发展。如若不考虑儿童心理和生理的发展规律，时代的发展、社会的要求就很难在儿童身上得到较好的体现。学前儿童语言教育是以促进学前儿童身心发展为根本目的，因此必须尊重学前期儿童身心发展的规律。尊重儿童身心发展的规律就意味着我们在制定教育目标时，必须注意学前儿童的语言发展特点和需求，根据他们身心发展的客观规律来实施教育。有关儿童身心发展的研究，特别是语言发展的研究成果已经为我们提供了各种方向，能够帮助我们理解不同时期儿童身心发展特点及需要、学前儿童的行为表现及其原因、学前儿童的兴趣以及学前儿童发展的普遍性特征和个体差异。了解和掌握有关学前儿童语言发展的进程、特点和机制等，使我们在制定学前儿童语言教育目标时，可以根据学前儿童的实际状况来确立他们语言发展的方向。

三、语言的学科性质以及学前儿童语言学习的特点

语言作为一学科或幼儿园课程中的一个领域，有其独特的教育功能和逻辑结构，学前儿童学习语言也有其特殊的规律。因此，我们在制定学前儿童

语言教育目标时必须充分考虑语言的学科性质及其学前儿童的教育功能和价值，研究学前儿童学习语言的心理过程，制定符合学前儿童语言学习特点和恰当的教育目标。有关语言的教育功能和性质以及学前儿童语言学习的研究，可以帮助我们明确语言对于学前儿童"有什么功用"、学前儿童语言获得的一般顺序和基本条件等。

我国学前儿童语言教育的实践已经证明，只有根据社会要求、儿童语言发展和学习的规律以及语言的学科性质等制定教育目标，才能使这种教育成为有的放矢的、有价值意义的教育。

第二节　幼儿园语言教育目标的结构

教育理论与实践告诉我们，教育目标具有一定的可供分析的结构。从纵向的角度来看，幼儿园语言教育目标具有一般的层次结构；从横向的角度看，幼儿园语言教育目标则是存在独特的分类结构。

一、幼儿园语言教育目标的层次结构

幼儿园语言教育目标既是学前教育总目标的有机组成部分，又是幼儿园语言教育的特殊要求。因此，幼儿园语言教育目标与学校教育总目标是一致的，它可以分解为终期目标、年龄阶段目标和活动目标三个不同的层次。

（一）幼儿园语言教育的终期目标

幼儿园语言教育目标，是幼儿园语言教育总的任务要求。它是幼儿园总目标的一个组成部分，幼儿园教育总目标是国家教育方针、教育目的在这个教育时期的具体体现，它是使教育目的得以实现的、较长时期的具体培养方向。当幼儿园教育总目标制定出来时，一般所说的"德、智、体、美、劳全面发展"任务便转换为对儿童认知、语言、动作、社会性道德、艺术审美以及创造性、个性情感等方面的发展要求，而这里对幼儿语言方面的发展要求便是幼儿园语言教育的目标。幼儿园语言教育目标又是对这一较长时期儿童语言发展的任务要求，具有较强的特殊性和相对的独立性。正如儿童语言在全面发展中有着不可替代的作用，幼儿园语言教育目标在总目标中也具有重要的地位。

（二）幼儿园语言教育的年龄阶段目标

第二个层次的语言教育目标是年龄阶段目标，即幼儿园某一年龄（班）的教育目标。尽管《幼儿园教育指导纲要（试行）》中，没有把目标分为年

龄阶段，但在幼儿园语言教学中年龄要进行合理的分段，在整个幼儿园阶段所要达到的语言培养目标的指导下，结合本地、本园、本班的具体情况加以具体化。就同一目标的内容，仍应对不同年龄的儿童提出不同要求，这样才能在教育实践中循序渐进地促进儿童语言的发展。

将语言教育目标分解为不同的要求，形成对每一年龄阶段的儿童提高要求的具体目标，这是年龄阶段目标的一个特点。年龄阶段目标的另一个特点，是儿童语言发展指标和相关学科知识的融合。这就促使我们将语言教育目标贯彻到儿童所学的学科知识中去。换言之，语言教育目标为儿童语言方面的发展规定了具体的方向，在每一年龄阶段的目标中，对幼儿掌握知识、获得能力提出了一定要求，期望通过这个阶段的学习，使他们在语言方面达到一定的水平。

（三）幼儿园语言教育的具体活动目标

具体活动目标一般由教师自己制定，它是指在某一具体的教育活动中要达到的目的。有时候，具体活动目标可以是一次活动中要完成的任务，但也有可能是一组相近的活动或一个主题系列活动的目标，它们使具体的教育内容紧密地联系在一起。例如学习散文《秋天的雨》，要求五六岁的儿童熟悉并理解这篇散文的内容，感受语言艺术的美，并体会秋天丰收季节的愉悦情绪；后者则可以是一组围绕散文《秋天的雨》开展活动。除上述要求之外，还可以帮助儿童在理解感受的基础上，初步学习掌握这篇散文的内在结构方式，调动个人经验去进行丰富想象，尝试用口语进行创造性地仿编散文。无论哪一种活动，都含有一定的要求并通过教师的活动计划和教学实践得以体现。

具体活动目标与语言教育目标、年龄阶段目标应是一致的。应当说，具体活动目标是为年龄阶段目标、语言教育目标服务的，语言教育正是通过每一个具体活动落实到儿童身上，因此便积累构成了年龄阶段目标，乃至语言教育的总目标。每一个具体活动目标的实现，都向完成年龄阶段目标和语言教育总目标迈进了一步。

从目标的层次分析中，我们应当认识到，在幼儿园语言教育目标落实到每个儿童的过程中，有几个关键问题是必须注意的。

①如何将高层次目标准确地转化为低层次目标。

②教育实践过程中，教师如何把握各个层次教育目标的内涵以及相互关系。

③教育如何根据目标来选择相应的教育内容、方法，从而确保目标的实现。

在以往的幼儿园语言教育工作中，曾存在不同教育目标相互脱节的问题，也曾经出现过目标要求过高和过低的问题。上述问题必须引起学前教育工作者的重视。我们有必要加深对《幼儿园教育指导纲要（试行）》的理解，从根本上解决目前存在的问题。

二、幼儿园语言教育目标的分类结构

幼儿园语言教育目标的分类结构，是指教育目标的组合构成。任何教育目标都不是单一的，往往包括若干任务要求。语言教育既然受制于社会的要求和个体发展规律，它就具有一种儿童个体内部生理、心理结构与外部语言环境交换信息的错综复杂的动态机制。语言教育目标是指导我们从事语言教育的纲领，怎样使这种纲领更符合幼儿发展的规律以及社会对幼儿语言学习的要求，我们有必要对幼儿园语言教育目标的构成进行研究，这是我国学前语言教育纲领探索已久的问题。

幼儿园语言教育的目标可以划分四大块，即倾听、表述、欣赏文学作品和早期阅读四个主要部分。

（一）倾听行为培养

倾听是儿童开始和理解语言的行为表现。就学前儿童语言学习和发展而言，倾听是不可缺少的一种行为能力。只有懂得倾听并且善于倾听的人，才能真正理解语言的内容、语言的形式和语言运用的方式，掌握与人进行语言交流的技巧。因此在学前期，培养儿童倾听行为是十分重要的。

我国现有的学前儿童语言教育的研究表明，在以往的学前儿童语言教育实践中，有关倾听行为的培养尚未得到充分的重视，因此有些儿童不善于倾听，这就影响了他们在人际交往时对语言的理解水平，同时也影响了他们的其他语言能力的发展，这一情况有必要引起学前教育工作者的注意，并在语言教育目标的制订和实施过程中，将倾听行为培养置于重要的位置。

对于学前阶段儿童倾听行为的培养，着重点应放在对汉语语音、语调的感知和对语义内容的理解上。从儿童出生起到入小学的六七年间，通过教育逐步帮助他们建立起几种倾听技能：一是有意识倾听，集中注意地倾听；二是辨析性倾听，分辨不同内容地倾听；三是理解性倾听，掌握倾听要专注内容、连接上下意思地倾听。

（二）表述行为培养

表述是以一定的语言内容、语言形式以及语言运用方式来表达和交流个人观点的行为，是学前儿童学习和发展语言的主要表现之一。只有懂得表述的作用，愿意向别人表达自己的见解，并且具备表述能力的人，才能真正地与人进行语言交际。因而，表述行为是学前儿童语言教育目标的重要组成部分。

学前阶段是儿童逐步掌握口头语言并向书面语言过渡的时期。在这一特定的时间内，儿童表述行为能力发展的重点主要在于学习正确、恰当地口语表达，从语音、语法、语义以及语用四个方面掌握母语的表达能力，由简到繁，由短到长地提高表述水平。与此同时，学前儿童口头表述的行为亦有个人独白、集体讲述、对话交谈等不同的表现方式，需要在教育过程中有目的地加以引导，以助于他们的交际与运用。

（三）欣赏文学作品行为培养

文学作品是一种通过语言塑造形象、表现生活的艺术作品，带有口头语言的特点，却又不同于口头语言。它们是语言艺术的集合体，也是书面语言的反映，对学前儿童的语言以及其他方面的学习具有特别的意义。学前儿童在学习文学作品中培养出语言的综合能力，可以增强其作为语言核心操作能力的不同层次的"敏感性"，即①对语调排列的敏感性；②对通过词句变化造成优美动听效果的敏感性；③对不同情境中语言运用的敏感性。

欣赏文学作品，是感知和理解文学作品，并尝试艺术地结构语言方式的行为。喜欢欣赏文学作品，能够较好地理解学习文学作品，初步感知不同类型文学作品的特点和构成，是学前儿童语言学习的重要方面，也是学前儿童语言教育的目标之一。

（四）早期阅读行为培养

早期阅读行为，指学前儿童从口头语言向书面语言过渡的前期阅读和前期书写准备。其中包括了解幼儿阶段知道图书和文字的重要性，愿意阅读图书和辨认汉字，掌握一定的阅读和书写技能。尽管在学前阶段，儿童尚不需要具备阅读和书写能力，但在口头语言向书面语言过渡的时期，他们有必要认识口语与文字的对应关系，有必要掌握看懂图画书的基本技能，有必要初步辨认例如自己的名字等常见字，有必要做好进入小学的书写姿势、书写技能的准备。

随着信息社会的发展，加强早期阅读已成为世界学前教育发展趋势之一。我国学前教育界有关的研究也指出，需要尽可能在学前阶段对儿童进行早期阅读的教育。因此，培养学前儿童的早期阅读行为应当成为学前儿童语言教育目标的组成部分。

第三节 幼儿园语言教育目标的内容

随着幼儿园语言教育改革的深入，笔者认为谈话活动、听说游戏、讲述活动、早期阅读活动和文学活动是幼儿园语言教育活动的五种主要类型。这些活动包含了幼儿园语言教育目标的各个层次内容。当然，随着改革的深入发展，以单独某个类型活动为主的语言教育活动不是很多，《幼儿园教育指导纲要（试行）》（以下简称《纲要》）的要求也说明了语言教育要在生活中进行，"语言能力是在运用的过程中发展起来的，发展幼儿语言的关键是创设一个能使他们想说、敢说、喜欢说、有机会说并能得到积极应答的环境"。因此，幼儿园语言教育活动的类型、方法可以多种多样，但目的只有一个：那就是发展幼儿的语言。

本书将结合幼儿各个年龄阶段和每个具体的语言要求设计教育活动，从语言教育活动的角度来表述幼儿园语言教育目标的内容。

一、幼儿园语言教育活动类型的目标内容

我们在幼儿园语言教育过程中，对传统的语言教育类型进行了革新，将幼儿园语言教育活动分为五种最基本的类型。这些活动类型的目标包含了幼儿园语言教育的终期要求。

（一）谈话活动目标

谈话活动是培养幼儿在特定范围内学习运用语言与他人进行交流的语言教育活动，谈话活动的目标主要有四个方面。

一是帮助幼儿建立喜欢与人交谈的愿望。能从成人和小朋友的交谈中得到愉快的体验，愿意把发生在自己身上的事和自己见过的事情，讲给其他人听。

二是帮助幼儿学会倾听他人的谈话，逐步掌握几种在谈话活动中倾听技能，要求幼儿能安静地倾听别人的谈话，不打断别人的讲话，养成主动积极、集中注意、耐心、有礼貌倾听的习惯；要求幼儿从倾听过程中分辨说话人声音的特点及声音所表现的情绪；要求幼儿在倾听时迅速掌握别人说话的主要内容，及时从中捕捉有效的语言信息。

三是帮助幼儿学习围绕一定的话题谈话，充分表达个人见解，培养幼儿口语表达能力。要求幼儿在谈话活动中学习说普通话，并积极参与谈话活动，体验与他人交流的乐趣；帮助幼儿学习沿着中心话题谈话，不跑题。

四是帮助幼儿学习运用语言进行交流的基本规则。提高幼儿的语言交流

水平，要求幼儿学习用适合角色的语言进行交谈，帮助幼儿学会用轮流的方式进行交谈。此外，还应引导幼儿学习用修补的方法延续谈话。

（二）讲述活动目标

谈话活动是以幼儿语言表述行为为主的语言教育活动类型。在讲述活动中，讲述活动的目标有三个方面。

其一，培养幼儿感知理解讲述对象的能力，引导幼儿根据要求综合运用概念、判断、推理等多种思维方式去汲取信息，把握"要说"的内容，以便为按照主题内容说话做好准备。

其二，培养幼儿独立构思与清楚、完整表述的能力。要幼儿在集体场合自然大方地讲话，能使用正确的语言内容和形式讲述，学习有中心、有顺序、有重点地讲述。

其三，帮助幼儿掌握对语言交流信息清晰度的调节技能。要求幼儿在学习运用语言与他人交往的过程中，不断提高对交往场合下各种因素关系的敏感性，包括增强对听者特征的敏感性，对语境变换的敏感性，以及对听众反馈的敏感性。

（三）听说游戏活动目标

听说游戏是采用游戏的方式开展的语言教育活动类型。这类活动的语言教育目标主要表现在以下几个方面。

首先，帮助幼儿在游戏规则内进行口语表达，练习其中难发音、方言干扰音等方面的巩固学习，词汇组合搭配的扩展学习，尝试运用句型的练习。

其次，在听说游戏中提高幼儿积极倾听的水平。要求幼儿听懂教师对有关规则的讲解，听懂游戏的指令，准确地把握和传递有细微区别的信息。

最后，培养幼儿在语言交往中的机智性和灵活性，锻炼幼儿快速领悟语言规则的能力，积极调动个人已有语言经验编码的能力，迅速以符合规则要求的方式去表达的能力。

（四）早期阅读活动目标

幼儿园的早期阅读活动，是帮助幼儿接近书面语言的教育活动类型。这种活动着重从三个方面培养幼儿学习书面语言的行为。

第一，提高幼儿学习书面语言的兴趣，要求幼儿热爱书籍，养成自觉阅读图书的良好习惯；同时引导他们积极观察各种符号，产生对文字的好奇感和探索愿望。

第二，帮助幼儿初步认识书面语言和口头语言的对应关系，懂得书面语言学习的重要性。

第三，帮助幼儿掌握早期阅读的技能，其中包括观察摹拟书面语言的能力、预期的技能和自我调适的技能。

（五）文学活动目标

文学活动是通过欣赏文学作品来学习语言的语言教育活动类型。在文学活动中，要求幼儿积极参加文学活动，乐意欣赏文学作品，知道文学作品有童话、诗歌和散文等体裁；帮助幼儿感受文学作品的语言美，培养他们对语言艺术的表达方式，学会表达自己对某个文学作品的理解。此外，还要求幼儿学习根据文学作品所提供的线索，进行创造性的想象，并用口头语言表达自己的经验和想象。

二、幼儿园语言教育活动的阶段目标内容

（一）谈话活动的阶段目标

1. 小班

①学会安静地听同伴说话，不随便插话。

②喜欢与同伴交谈，愿意在集体中讲话。

③能听懂并愿意说普通话。

④在教师的引导下，学习围绕主题谈话，能用短句表达自己的意思。

⑤初步学习常见的交往语言和礼貌用语。

2. 中班

①能集中注意力耐心地倾听别人谈话，不打断别人的话。

②乐意与同伴交流，能大方地在集体中说话。

③能说普通话，较连贯地表达自己的意思。

④学会围绕一定的话题谈话，不跑题。

⑤学会用轮流的方式谈话，不抢着讲，不乱插嘴。

⑥继续学习交往语言，提高语言交往能力。

3. 大班

①能主动、积极、专注地倾听别人谈话，迅速掌握别人谈话的主要内容，并从中获取有用的信息。

②能主动地用普通话与同伴交流，态度自然大方。

③能围绕话题谈话，会用轮流的方式交谈，并能用恰当的语言表达自己的情感，与同伴分享感受。

④逐步学习用修补的方法延续谈话，进一步提高语言交往水平。

（二）讲述活动的阶段目标

1. 小班

①能有兴趣地运用各种感官，按照要求去感受讲述内容。

②理解内容简单且特征鲜明的实物、图片和情景。

③愿意在集体中讲述。

④能正确地说出讲述内容的主要特征或主要事件。

⑤能安静地听教师或同伴讲述，并用眼睛注视讲述者。

2. 中班

①养成先仔细观察后表达讲述的习惯。

②逐步学会理解图片和情景中展示的事件先后顺序。

③能主动地在集体中讲述，声音响亮，句式完整。

④学习按照一定的顺序讲述实物、图片和情景的内容。

⑤能积极倾听别人的讲述内容，发现异同，并从中学习好的讲述方法。

3. 大班

①通过观察，理解图片、情景中蕴含的主要人物关系和思想情感倾向。

②能有重点地讲述实物、图片和情景，突出讲述中心内容。

③在集体中讲话态度自然大方，能根据场合的需要调节自己讲述的音量和语速。

④讲述时语言表达流畅，不打顿，用词用句较为准确。

（三）听说游戏活动的阶段目标

1. 小班

①乐于参加游戏活动，在游戏中大胆地说话。

②发出某些难发的音，初步掌握方位词及人称代词，正确运用动词。

③在游戏中尝试按照规则运用简单句说话。

④养成在集体活动中倾听别人讲话的习惯，能听懂并理解较简单的语言游戏规则。

2. 中班

①在游戏中巩固练习发音，正确运用代词、方位词、副词、动词、连词和介词等。

②能说简单而完整的合成句。

③能听懂并理解多重游戏规则。

④学习如何迅速领悟游戏中的语言规则，并能及时做出相应的反应。

3. 大班

①在游戏中正确学习和运用反义词、量词和连词等，并能说完整的合成句。

②养成积极倾听的习惯，迅速把握和理解游戏中较复杂的多重指令。不断提高幼儿倾听的精确程度，准确掌握和传递有细微差别的信息。

③在游戏中按照规则迅速调动个人已有语言经验编码，并迅速进行语言表达。

（四）早期阅读活动的阶段目标

1. 小班

①喜欢看书，知道看书的基本方法，能初步看懂单幅儿童图画书的主要内容。

②能用口头语言将儿童图画书的主要内容说出其大意来，开始感受语言和其他符号的转换关系。

③对文字感兴趣，能在成人的启发下认读最简单的文字。

④在活动中以描画图形的方式练习基本笔划。

2. 中班

①能仔细观察图画书画面的任务细节，看懂单页多幅的儿童图画书的内容，增强预知故事情节发展和结局的能力。

②懂得爱护图书，知道图书的构成，有兴趣制作图画书。

③在阅读过程中初步了解汉字的由来和简单的汉字认读规律，并有主动探索汉字的愿望。

④喜欢描画图形，尝试用有趣的方式练习汉字的基本笔划。

3. 大班

①能与同伴合作制作图画书，进一步了解图画书的构成。

②知道图画书画面与文字的对应关系，开始有兴趣阅读图画书中的简单文字。

③积极学常见的汉字，进一步了解汉字认读的规律，提高观察摹拟的能力，并能注意在生活中运用已获得的书面语言。

④掌握基本的书写姿势，在有趣的图形练习中做好写字的准备。

（五）文学作品学习活动的阶段目标

1. 小班

①喜欢欣赏文学作品，愿意参加文学活动，对文学作品的语言感兴趣。

②能初步感受文学作品的语言类型，知道童话故事、诗歌和散文是不同体裁的文学作品。

③学习理解文学作品的情节内容或画面情景，能用语言、动作、表情等方式表达自己对文学作品的理解。

④在文学作品原型基础上扩展想象，仿编诗歌、散文中的一句或续编故事结尾。

2. 中班

①喜欢欣赏不同形式的文学作品，主动积极地参加文学活动。

②知道文学作品语言与日常生活语言的不同，进一步感受文学作品的语言美。

③学习理解文学作品的人物形象，感受作品的情感基调，能运用较恰当的语言、动作、绘画形式表现自己的理解。

④能根据文学作品提供的线索，扩展想象，仿编或续编一个情节或一个画面。

3. 大班

①乐意欣赏不同体裁、不同风格的文学作品，在文学活动中积累文学语言，并在适当场合尝试运用。

②在理解文学作品人物、情节或画面情景的基础上，学习理解作品的主题或感受作品的情感脉络。

③初步感知文学作品语言和结构的艺术表现特点，开始接触文学作品的艺术语言构成方式。

④依据文学作品提供的想象线索，联系个人已有经验扩展想象，并创造性地进行表述。

思考题：

1. 制定幼儿园语言教育目标的依据是什么？

2. 论述幼儿园语言教育目标的层次结构。

3. 论述幼儿园语言教育目标的分类结构。

4. 论述幼儿园语言教育活动类型的目标内容。

5. 论述幼儿园语言教育活动阶段的目标内容。

第三章 幼儿园语言教育的内容、方法与途径

第一节 幼儿园语言教育的内容

一、确定幼儿园语言教育内容的依据

（一）依据学前儿童语言教育的目标层次理论设计活动目标

学前儿童语言教育理论设计活动目标构成成分应该包括认知、情感、动作技能等三个最基本的领域，而每个领域包括不同类别。认知领域包括六个主要类别：①知识；②领会；③运用；④分析；⑤综合；⑥评价。情感领域包括五个主要类别：①接受或注意；②反应；③价值评估；④组织；⑤性格化或价值的复合。动作技能领域包括四个主要类别：①观察；②模仿；③练习；④适应。

在贯彻《纲要》的实践中，许多教师注意到了实施语言教育要从情感、知识、能力等方面把握，但是对幼儿的发展水平和各方面层次把握得不够准确。在制定教育目标时，只是笼统提出"发展幼儿的语言表达能力""培养幼儿爱祖国的情感"等目标，这样的目标不是一节活动可以达到的，而是幼儿乃至幼儿教育阶段应贯彻的目标。这样的目标无操作性，也无法评价教育活动的效果。

语言教育活动中，对不同年龄班幼儿的活动目标设计要有层次。例如，在讲述活动中，小班的目标是能知道图片上的内容；中班的目标是能有条理地说出图片上的内容；大班的目标是能根据图片上的内容进行创造性的讲述。每个年龄段的幼儿都有较明显的语言发展特征，我们要依据这些特征来设计目标。

活动目标是面向全体幼儿的，但在传统教学中目标要求是统一的，并不适合每个幼儿的发展水平。因此即使是同年龄的孩子在目标的制定上也要考虑目标的层次性。如在故事教学中，根据幼儿的不同水平制定出以下分层次的教育目标。

①要求能力强的幼儿能正确、快速理解故事内容，感受故事的语言美；对新词的理解运用能力增强，能使用故事中的句式来造句；会改编和扩编故事内容。

②要求能力一般的幼儿能正确理解故事内容，感受故事的语言美；并在教师的帮助下理解新词，会使用新句式；能按教师的要求扩编部分故事内容。

③要求能力弱的幼儿在教师的帮助下，理解新词内容，记住故事中的新句式并能仿照使用，提高自己在集体中大胆复述故事的能力。

（二）依据"最近发展区"理论设计活动目标

我们进行语言教育活动是为了促进幼儿语言能力的发展，进而促进幼儿全面发展。

促进幼儿发展的重要一点是找到幼儿语言的"最近发展区"，即幼儿现有的语言水平和在成人指导下所达到的语言水平之间的差。这个"最近发展区"是设计目标的依据，依据其设计的目标具有可操作性。如小班儿歌《小雨点》的目标是引导幼儿用恰当的象声词表示下雨的声音。幼儿原有的多元发展水平是观察春雨，教师引导幼儿用象声词表示雨声。而新的目标需要教师促进幼儿原有水平与新的目标相结合，使幼儿掌握了象声词，会表示雨声，这就促进了幼儿语言的发展。

在制定幼儿语言的发展目标时，还要注意改变以往只重视知识传授的目标，忽略能力发展目标的现象，要从幼儿的角度去考虑目标。例如，大班语言活动"创编谜语"的具体目标是"让幼儿对编谜语感兴趣，学会创编谜语"，而不是像以往那样掌握几个谜语，只把目标锁定在知识上。

二、幼儿园语言教育内容

幼儿园语言教育内容分为专门的语言教育活动和渗透的语言教育活动两类。

（一）专门的语言教育活动

1. 推广普通话

推广普通话，让普通话成为中华大地的通用语，这已成为我国的一项语言政策。年龄越小，学说普通话的效果越好。因此，在幼儿有话要说、有话可说的情况下，应鼓励幼儿说普通话，为幼儿提供内容丰富的多种学习活动，使他们的普通话得到提高。

2. 文学活动

儿童文学作品包括童话、幼儿生活故事、自然故事、儿童诗歌、散文、谜语、绕口令等。这些作品具有丰富的语言和生动有趣的情节，作品中的形象个性鲜明，主题富有哲理，深受幼儿喜爱。

（1）故事教学活动

故事教学活动是幼儿园语言活动内容之一。其目的是通过生动鲜活的故事，初步培养幼儿对文学作品的兴趣。幼儿通过故事，学习和理解寓于故事中的道理，并在学习故事的过程中发展语言表达能力。这类故事主要包括：童话故事、神话故事、历史故事、民间故事、游记、笑话等。

（2）儿歌教学活动

儿歌教学活动是幼儿园语言教学内容之一。运用诗歌作品进行教学，幼儿能从教师、媒体等感受和欣赏到文学作品的美，学会基本的发声、吐字、停顿、语调方法和技巧。诗歌教学还能帮助幼儿理解诗歌的内容，欣赏精练、优美的语言，体会诗歌所表现出的丰富的思想情感。诗歌教学活动能引发幼儿学习文学作品的兴趣。因为诗歌的内容生动、形象，贴近幼儿的生活，所以幼儿易于接受。诗歌教学也是培养幼儿想象力和创造力的有效途径，把幼儿的想法用诗歌的形式表现出来。例如，幼儿创编的儿歌《家》，"蓝天是白云的家，大树是小鸟的家，大地是花儿的家，前面的楼房是我的家。"

3. 谈话活动

谈话活动是发展幼儿对话能力的教学形式之一。教师以一定的题目为中心，这个题目可以是教师设定的，也可以是幼儿感兴趣并提出来的。围绕题目进行的谈话有的是日常生活中的内容，有的是参观后的谈话，有的是总结性谈话。谈话活动有利于幼儿口头语言表达能力和归纳、推理能力的培养。谈话活动是教师与幼儿语言交流与互动的好机会，教师通过谈话了解幼儿对事物的观察力、注意力、理解能力及语言表达能力，幼儿则能从教师那里学会正确的表达方法。谈话活动包括：对话活动、主题谈话活动、漫谈活动、讨论及辩论等。

4. 讲述活动

讲述活动是培养幼儿独立表达能力的一种教学活动，培养幼儿能用比较完整连贯的语言表达自己的思想，讲述自己经历过或听过的事情。讲述从形式上可分为复述与讲述。复述即培养幼儿连贯地用自己的话讲出听过的文学作品，其内容与语言形式都是现成的，它是讲述活动中最简单的一种形式，讲述时要求幼儿独立地选择讲述内容和言语形式。讲述活动不仅要求幼儿能讲出事物的主要特点与事物之间的关系，还要求幼儿能发挥想象，能创造性地运用语言。讲述的内容多数来自幼儿的生活，反映他们的生活状态，是幼儿喜欢的一种教学活动。讲述活动包括：看图讲述、情境讲述、经历讲述、记忆讲述、想象讲述、复述故事、续编故事等。

5. 阅读活动

阅读活动是幼儿园语言教育的内容之一。《纲要》第一次明确地把幼儿早期阅读方面的要求纳入语言教育的目标体系，提出要"培养幼儿对生活中常见的简单标记和文字符号的兴趣；利用图书、绘画和其他多种方式，引发幼儿对书籍、阅读和书写的兴趣，培养前阅读和前读写技能"。阅读活动分为非文字阅读与文字符号阅读两方面。非文字阅读包括看图画、听故事等，目的是将口语与书面语对应起来。文字符号阅读是结合幼儿的生活经验，随时地学习生活中、游戏中接触到的文字，使幼儿产生对文字符号的兴趣。

6. 语言游戏活动

语言游戏活动是将幼儿的发音、听、说、读、写等能力的培养融于游戏之中，使幼儿在玩耍中学习，在快乐中发展。语言游戏活动包括发音训练游戏、词汇训练游戏、句子训练游戏、识字阅读训练游戏及综合性语言游戏等。

（二）渗透的语言教育活动

渗透的语言教育活动就是充分利用幼儿的各种生活和学习经验，在真实的生活情境中为幼儿提供更加广泛的、多种多样的学习语言的机会，为幼儿提供更好地运用语言、获得新的生活经验和其他方面学习经验的机会。渗透的语言教育既可以使幼儿更好地学习语言，也可以促进幼儿在日常生活、游戏等其他学习活动中进行语言交往。

渗透的语言教育的核心问题是促进幼儿与教师之间的有效言语交流，因此要为幼儿提供多种多样的语言交流的机会，在对幼儿进行渗透的语言教育时，教师要特别注意以下几点。

①在与幼儿进行的语言交流中，教师要把自己置于幼儿之中，以平等的身份和地位与幼儿交流，同幼儿分享交流的乐趣。这是教师与幼儿成功互动的根本保证。

②注意自身与幼儿之间言语沟通的技能。要用幼儿能够听懂的话、幼儿感兴趣的方式，把幼儿很自然地引入交流之中，还要用恰当的言语、热情的接纳来鼓励幼儿谈话，让幼儿产生语言交流的念头，要学会用幼儿能理解的方式回答幼儿提出的问题，还要用趣味性的语言引导幼儿深入话题。

③促进幼儿之间的有效言语互动。教师要多选择一些幼儿感兴趣的话题，提供小组活动或游戏的机会，鼓励幼儿之间相互交流，通过合作、分享、互相尊重的榜样供幼儿模仿。同时还应提供机会，让幼儿体验因争执而不能解决问题的失败感，或者体验因采取商量、对话等简单的策略而交流成功的喜悦感。

第二节　幼儿园语言教育的方法与途径

一、幼儿园语言教育方法

语言是人们交际的工具，用来交流生产经验和思想感情以达到互相了解的交际工具，人们在劳动、学习、工作等活动中都离不开语言。因此，从小培养和发展幼儿的语言，让幼儿正确地掌握语言，具有十分重要的意义。

根据幼儿的年龄特点及个性发展规律，幼儿园语言教育有以下方法。

（一）示范模仿法

示范模仿法是幼儿通过模仿来学习语言的，因此教师应该给他们提供正确的模仿榜样。教师的语言质量在一定程度上决定着幼儿的语言发展水平，这就要求教师首先要注意自身语言的规范化，发音要清楚明确，文理清晰，给幼儿起示范作用。

教师在对幼儿进行语言教育过程中，对某些难发的音，不易被幼儿看到的发音部位，就需要示范和讲解，让幼儿来模仿。如"n"和"i"的发音，发"n"的时候，舌尖翘起抵住牙床，同时舌尖要向两旁展开，用力把气流堵住，使气流从鼻孔出来。发"i"的时候，舌尖只抵住上牙床的中间部位，舌头不向旁边舒展，在两旁留出空隙，堵住鼻腔通道，使气流从舌的两边出来，教师边讲边示范，幼儿通过模仿进行反复练习。

另外，在教一些动词时，教师可以配上不同的动作，这样幼儿在掌握新词、理解词义方面就比较容易。如"走""跑""跳""捞""淌"。在学习"大、小、高、矮"等词的时候教师可以摆出相应的两个物体，让幼儿边说边模仿，这样会收到很好的教学效果。

（二）视、听、讲、做、练习结合法

视、听、讲、做、练习结合法是利用幼儿的多种感官，通过对多种感官的刺激来达到良好的学习效果。

看图讲述就是这一教学方法的良好体现。图片既是教具，又是具体形象

化的教材，也是幼儿说话的依据。它的色彩鲜艳，形象生动，情节简明，必然会刺激幼儿的视觉，能够引起幼儿的联想，产生表达的愿望。幼儿在听教师讲的过程中，产生了自己要讲述的强烈愿望。于是，自己在教师讲述之后，便争先恐后地积极讲述，有时还加上一定的动作。如大班看图讲述《猴子学样》中，幼儿从图片中看到的可爱的猴子，便开始喜欢上猴子，都想知道发生了一件什么样的事情，在教师的讲述过程中，幼儿边听边与教师共同讲述其中的一些情节，并时不时的做出小猴子的动作，经过反复的练习后，通过孩子的视觉、听觉、说话、动作等相结合，使孩子很快地理解图片，并能生动地讲述出来。

（三）游戏法

语言教学游戏是在教师组织指导下，以发展幼儿语言为主要目的的、有规则的游戏，它将教学任务与游戏结合起来，语言训练于游戏之中，使幼儿在轻松愉快的气氛中进行学习，以激发学习兴趣、增强幼儿学习的主动性和积极性，从而提高学习效率。

语言教学游戏是幼儿非常喜爱的教学形式，各年龄阶段都可以运用，年龄越小的班级，运用得越多，课内外都可进行。

1. 练习发音和听音的游戏

这种游戏是以练习正确发音、提高辨音能力为目的，形式和结构都比较简单。游戏中，可以让幼儿着重练习他们感到困难的或容易发错的语音，但每次练习的语音不要过多，以免注意力难以集中，影响效果。一般来说小班重点进行语音训练，例如《买图片》是练习发音和听音的教学游戏，教师可按下列要点制定教案。

①教学目的：教幼儿发准声母是 g、k、h 的字音。

②教学准备：图片"哥哥""筷子""蝌蚪""卡车""鸽子""盒子""小河"。

③玩法：教师扮作卖图片的阿姨，请幼儿来买。买时，让幼儿说出图片的名称，如果说对了，就卖给他。这样一个一个继续下去，如果有的幼儿发音不准，教师可帮助其纠正或请别的幼儿给纠正，直到把音发准。

这个游戏也可用在练习其他语音上，如"z、c、s""zh、ch、sh"等。

2. 正确运用语汇的游戏

这类游戏是以丰富语汇和正确地运用语汇为目的。通过游戏，可以教幼儿一些新词，也可以帮助幼儿进一步理解已学过的词义，并学会运用词汇的游戏，在各个年龄班都可使用。例如《奇妙的口袋》，教师可按下列重点制定教案。

①教学目的：教幼儿运用抱、开、拍、摇、吹等动词。

②教学准备：娃娃、汽车、皮球、摇铃、喇叭等，若干种玩具，并把玩具放在口袋中。

玩法：请幼儿从口袋里摸出一种玩具，然后用所给的动词与其连在一起说一个短语，如开汽车，抱娃娃，拍皮球等。

3. 学习句子的游戏

这一类游戏是以训练幼儿按语法规则组词成句，并以正确运用各种句式为目的，学习句子的游戏主要在中、大班进行。例如《看谁说得好》教师可按下列重点制定教案。

①教学目的：要求幼儿运用恰当的形容词来描绘图片，并编成一句完整的话。

②教学准备：太阳、老奶奶、小弟弟、猴子等图片。

③玩法：教师依次出示卡片，让幼儿用形容词来描述图片，如"太阳"可以用"红红的""金色的""火辣辣的"来形容。

4. 练习描述的游戏

这一类游戏是以训练幼儿用比较连贯的语言、具体形象地描述事物、提高口语表达能力为目的，它要求幼儿语言表达完整、连贯，且有一定的描述能力，因此主要在大班进行。例如，讲述活动《我的一个好朋友》，可以让幼儿连贯地描述出我的朋友是谁，他是什么样子，穿什么样的衣服，有什么优点等。

（四）表演法

表演法是指为幼儿提供一定的道具，并让幼儿了解一个特定的故事情节，通过扮演其中的角色来体会角色的语言，从而丰富自己的语言，使语言表达具有连贯性、完整性和一定的逻辑性。

表演法的运用是幼儿综合素质的一种体现。在表演中，幼儿态度大方，声音响亮，培养并锻炼了幼儿的胆量。在表演过程中，幼儿知道了如何使用适当的语言表情，如高兴时表情面带笑容，愤怒时表情严肃。还有在模仿不同小动物的声音时也需要控制语言音量，如大象的语言要粗一些、重一些、语速要慢一些；小兔子的语言要细一些、轻一些，语速要快一些等等。

例如，在表演《三只蝴蝶》这一故事时，三只蝴蝶的语言："红花姐姐，红花姐姐，大雨把我们的翅膀淋湿了，大雨把我们淋得发冷了，让我们到你的叶子底下避避雨吧！"红花的语言："红蝴蝶的颜色像我，请进来；黄蝴蝶、白蝴蝶别进来。"三只蝴蝶齐声说："我们三个好朋友相亲相爱不分手，要来一块来，要走一块走。"这些对话语言完整，而且具有一定的逻辑性，幼儿在表演时，既要把语言清楚的表达出来，还要加上一定动作、表情，语气也跟着情节的变化而变化。通过这种表演，幼儿的语言得到了很好的发展。

（五）练习法

练习法是指幼儿的语言教育不只是在专门的语言教育中进行的，在其他领域的教育活动中也不能忽视语言教育，只有在各种领域，如科学、艺术、社会、健康等活动中，有机交叉与融合幼儿的语言教育，才能使幼儿的语言得到全方位的练习与发展。

1. 在科学教育活动中融合语言教育

在科学教育活动中，幼儿通过各种渠道获得大量的有关客观世界的信息，要通过语言向他人表达、传递自己对客观事物的认知和感受，告知自己观察的结果，提出疑问，发表自己的思想感受，讨论他人的探索结果。教师在科学教育活动中，要随时丰富幼儿的词汇，逐步要求幼儿用完整、连贯、通顺、正确的语言表达。

2. 在艺术教育活动中融合语言教育

语言和音乐、美术有着非常密切的关系，一串串音符，一幅幅图画的背后，幼儿都会编出不同的故事，凭借幼儿对音乐与色彩的特殊感悟力，在进行音乐与美术教学活动中可加入语言教育的内容，如歌曲《小花猫和小老鼠》，通过歌词，幼儿可连贯地讲出"灰老鼠，吱吱吱""小花猫，喵喵喵"这一对称式的描述。在主题画《两个小伙伴》中，幼儿通过绘画小兔子和小胖猪，可以讲述出它们之间发生了一件什么事情，这种方式不仅丰富了幼儿语言，而且发展了幼儿想象力。

3. 在社会活动中融合语言教育

社会活动的内容是幼儿身边最常见但又经常被忽略的一些现象，通过对这些现象的讲述、描绘，幼儿能够表达一些自己的看法。如《保护公共卫生》这一活动，通过对一些破坏公共卫生事例的讲述，使幼儿知道了保护公共卫生的重要性，并学会了一些礼貌用语，如"请把果皮扔到垃圾箱！""请您不要随地吐痰！"等。

4. 在体育活动中融合语言教育

在体育活动中，幼儿的兴致比较高，有时不能控制自己的兴奋情绪。根据这一特点在爬、跑、跳等活动中，应先让幼儿观察教师的示范动作，请幼儿复述需要注意的事项及动作要领。当他们做完之后，再请他们讲一讲是怎样做好动作的，或还差在哪里，通过这种讲述也发展了幼儿的语言能力。

练习法还可用在日常的生活中，因为语言是人们交流、交往的工具，只要我们抓住这一契机，随机地进行练习，幼儿的语言一定会得到有效的发展。

二、幼儿园语言教育的途径

（一）日常生活和游戏中的语言交往

幼儿的语言发展只靠语言活动是难以实现的。生活是语言的源泉，没有丰富的生活就没有丰富的语言。有丰富的生活、丰富的经验，幼儿才能有话可说、有话会说。根据幼儿好动、喜欢游戏的特点，教师让幼儿在游戏中扮演生活中的各种角色，体验生活的快乐，在游戏中学会与他人交往。日常语言活动可利用晨间活动、餐前餐后、户外活动等时间进行，这样既让幼儿锻炼了语言表达和交流的能力，又使幼儿感受到丰富多彩的生活，提高了他们的语言交往水平。如利用餐前请幼儿报菜名，晨间活动让幼儿说说家里的新鲜事，每天说一条班级新闻，玩一些听指令做动作、听同伴声辨认同伴的游戏。在游戏活动中两个人都想得到一辆遥控赛车，为了获得这辆赛车，两名幼儿在相互交流中使用了各种交往策略，其中有商量、吓唬、提出条件、告诉教师等不同的语言表达方式，他们在交往过程中，都主动依据对方的态度和行为选择交往的策略，不断调整自己的语言，以达到自己的目的。幼儿在交流的过程中运用自己已有的经验，解决生活中的实际问题，在语言的运用中提升了语言交往的能力。

（二）其他领域教育活动中的随机语言教育

随机的教育活动是指随人、随物、随事、随地等进行的活动，要做到随机进行语言教育，就要求教师要具备敏锐的观察能力，捕捉到随机进行语言教育的契机。语言是对幼儿进行全面教育的载体，幼儿学习运用语言的机会无处不在，教师要在其他领域的教育活动中将语言教育因素有机结合，做到相互渗透，就能达到处处有语言教育，时时有运用语言的机会，幼儿语言的综合能力才能提高。

1. 在美术教育活动中进行语言教育

在美术活动中，幼儿时而自言自语，时而互相对话，表达欲望非常强烈，因而在美术活动中进行随机语言教育是较好的形式。幼儿在进行美术活动时，首先要观察，观察后要把观察的情况表达出来，如观察花园里的花，然后画花园,教师引导幼儿把观察后的所见所思表达出来,花的颜色真好看,有红的、粉的、黄的,花瓣有的像小扇子、有的像小船,这时教师要抓住机会把幼儿说得好听的词让大家学习,让幼儿学习完整性的描述语句,这样的学习会比无情境的状况下学习有兴趣,幼儿会产生学习的动力,从而获得良好的效果。

2. 在音乐活动中进行语言教育

语言活动和音乐活动有着非常密切的关系。当音乐语言转化为幼儿语言的时候,幼儿不仅能感受到音乐中美的体验,而且把这种感受说出来对幼儿也是一种很好的语言训练。如歌曲中的歌词不仅是歌词,也是非常优美的诗歌,幼儿跟着音乐的节拍说歌词,就像在说配乐诗歌一样,音乐中那一串串音符、节奏和旋律变化的背后,儿童都会编出不同的故事来。又如欣赏音乐《动物狂欢节》后,幼儿根据音乐的变化编出了他们所想象的故事。当低沉的音乐响起的时候,有的幼儿说是大象走来了,有的幼儿说是乌龟爬来了;当欢快的音乐响起的时候,有的幼儿说是小鸟们都飞来了等等。幼儿的想象是丰富的,在丰富的想象中幼儿用语言表达了出来,这种语言的运用是在欢快、自主、兴趣浓厚、情绪高涨的情景下进行的,幼儿既理解了音乐的形象,又发展了语言。

3. 在社会教育活动中进行语言教育

社会教育活动的语言教育非常多,每一个道理、每一个行为都需要语言来解释。如爱惜小椅子,教师用故事《小椅子疼了》来告诉幼儿爱惜椅子的道理,教师没有生硬地让幼儿接受道理,而是用了拟人化的故事让幼儿明白。

4. 在科学教育中进行语言教育

在科学活动中,幼儿用语言表达自己观察的结果,与他人讨论自己的发现,教师则通过幼儿表述及时肯定、纠正幼儿的词语。如在《轮子的用处》活动中,幼儿用实验发现法、比较法等得出轮子省力的结果,在小组的实验过程中,几个人通过讨论得出一个结论,向大家公布表述小组的发现。教师要随时给予语言上的支持,使幼儿能用完整、通顺、正确的语句表达。

5. 在数学活动中进行语言教育

数学活动对幼儿来说是一种比较枯燥的学习内容,但教师用说说玩玩的游戏形式,幼儿就会很自然地接受数学的有关知识。把数学引向生活,让孩子体验生活中数学的应用,如"10"的分解和组合,教师设计开超市的游戏,让幼儿在买东西的过程中练习"10"的分解,幼儿在练习中既掌握了数学知识,又锻炼了用准确的语言表述自己需求的能力。

6.在体育活动中发展幼儿的语言

体育活动与语言教育也有密切的关系。体育活动中有教师示范讲解的内容，幼儿听着教师的指令、看着教师的示范是对教师语言理解的训练，幼儿在活动中与同伴商量怎样做好动作或玩游戏，也是对幼儿语言表达的锻炼。

各领域的教育活动都是对幼儿进行语言教育的有利因素，教师可对幼儿进行随机语言教育，使幼儿的语言能力得到真正发展。

思考题：

1.幼儿园语言教育内容的具体定位？

2.学前儿童语言教育的方法？

3.学前儿童语言教育的途径？

4.为什么要重视日常生活和游戏中的语言交往？

5.幼儿园各领域教育活动中如何进行语言教育？

第四章　幼儿园语言教育活动的指导思想及组织原则

第一节　幼儿园语言教育活动的指导思想

学前儿童语言教育始终贯穿着一定的指导思想，即一些基本的教育观念。这些教育观念直接影响着学前儿童语言教育的效果，甚至对语言教育效果起着决定性作用。

一、完整语言教育观

（一）完整语言教育观的基本内涵

在幼儿语言教育中树立完整语言教育的观念，就是强调幼儿语言教育的目标应当是完整的，幼儿语言教育的内容应当是全面的、完整的，幼儿语言教育的活动应当是真实的、形式多样的交流情境等三个方面。

1. 幼儿语言教育目标是完整的

完整的语言教育目标应该包括培养幼儿语言的听、说、读、写四个方面的情感态度、认知和能力。对幼儿来说，主要是培养他们的听、说能力和良好的听、说行为习惯，同时帮助他们获得早期的读、写技能，为他们进入小学进行正规的读写训练作前期准备。在所有的目标中，培养幼儿的语言运用能力应当成为语言教育的重点。

2. 幼儿语言教育内容是全面的、完整的

全面的语言教育内容是指在幼儿语言教育中，既要引导幼儿学习口头语言，也要引导幼儿学习书面语言；既要让幼儿理解和运用日常交往语言，也要引导幼儿学习文学语言。完整的语言教育内容是指在选择和编排语言教育内容时要"把语文视为一个整体，而非将教学切割成分离的技能成分"。例如，先将词安排在句子中学，将句子放在情境中去学习，然后再让幼儿逐渐学习词、句子。另外，还要注意以幼儿现有的语言发展水平作为教育起点，考虑幼儿语言能力发展的自然顺序，有机地连结语言和文学，在文学作品中学习相关的语言知识，培养运用语言的能力，统整语言的听、说、读、写。

3. 幼儿语言教育活动过程是真实的、形式多样的交流情境

教育活动过程的真实性是指教师在组织活动时应着眼于创设真实的双向交流情境，使语言教育活动的过程成为教师与幼儿共同建设的、积极互动的过程。因此，作为教师首先要了解幼儿的交流需要，只有了解每一个幼儿特定的交流需要才能有的放矢地给予帮助，只有给幼儿提供的语言范例是幼儿所需要的，才能激发幼儿使用语言与人交流的动机，此时的语言教育才是最有效的。

教育活动过程的形式多样性是指语言教育应当有多种活动形式，教师要为幼儿提供丰富的学习环境，既要有重在训练幼儿发音的活动，也要有重点培养幼儿运用已有经验进行集体或个别交流的活动；既要有让幼儿进行文学作品欣赏的活动，又要给幼儿机会表演文学作品情节的活动等。

（二）完整语言教育观的理论依据

完整语言教育观是以当前国外儿童语言教育的思潮，特别是以完整语言理论为理论依据，强调在儿童语言发展的关键期内，有必要给他们提供完整语言学习机会的教育观点。这些理论的主要观点具体表现在以下几个方面。

1. 语言是工具性和对象性的统一

（1）语言是人们之间进行交流的一种方式

语言作为一种交流工具，对于儿童来说其重要性主要表现在以下两方面。

①儿童学习语言是为了交际。儿童的实际语言发展是一个生存问题，刚出生的婴儿孤立无援，为了生存，他们尽其所能引起周围人们的注意，实现与他人之间的交流。也就是说，语言是实现交流的一种重要方式，通过语言这一工具，儿童开始分享他人对周围世界的理解和看法，他们自己也试图去直接理解这个世界。所以说，他们学习语言完全是为了自我生存和发展的需要，儿童很容易学会语言是因为他们学习的目的很明确。

②儿童学习语言也是为了学习。儿童与他人交流的过程实际上也是儿童学习知识、发展能力的过程，这样语言又成为学习的工具，语言的发展成为儿童认知发展的一个有机组成部分。

（2）语言也是儿童学习的特殊对象

儿童需要掌握语言这种工具，以便于更好地交流和学习。这样，语言又成为儿童学习的对象，而语言能力是需要专门进行培养的。作为学习对象的语言，不仅是一种符号规则体系，更重要的它还是儿童的一种能力，语言能力的发展是儿童心理发展的一个有机组成部分。

2. 语言是口头语言与书面语言、日常生活语言与文学语言的统一

作为交流工具的语言，其表现形式是多种多样的。语言并不仅仅局限于

面对面进行听说交流的口头语言，它还包括以读写形式表现的书面语言（即文字）。只会口头语言而不会书面语言或只会阅读书写而不会听说，语言交流都会受到限制，语言功能也难以充分发挥出来。口头语言与书面语言是从语言的表现形式上来区分的，如果从语言的存在空间上区分，语言又分为日常生活语言和文学艺术语言。

（1）儿童口头语言学习和书面语言学习

学前儿童能够获得口头语言，已经被大量的事实所证明。有研究证明，4～5岁的儿童已经获得日常语言交际语的90%。同时，学前儿童也有学习书面语言的需求，他们在很小的时候就对书面语言产生兴趣，并且有可能获得对书面语言的敏感性。例如：他们通常对周围环境（房间里、书桌上、幼儿园里、书店里等）的书本和文字做出反应，也对父母给他们念书、朗诵儿歌等做出相应的应答。因此，我们除了应当发展学前儿童的口头语言能力外，还需培养运用书面语言进行交流的能力如理解文字的功能，用自己的方式向不在场的人传递信息，学会阅读图书、电视节目单等。

（2）儿童日常生活语言的学习与文学语言的学习

在发展过程中，儿童不仅有学习日常生活语言的要求，也有学习文学语言的要求。儿童对文学有一种天然的需求，这种天然的需求包含两种意义：一是他们从文学中可以获得他们成长所必需的教育，二是可以获得一种维系心理健康所必需的精神享受。文学的语言明白流畅、形象具体、富有节奏感和儿童情趣等特点，使其能够以情感人。

文学作品对于学前儿童语言学习有着以下特有的价值。

①儿童文学作品向学前儿童提供了成熟的语言样本，使他们能倾听到丰富多样的语言句式以及形象化的、风格各异的语言，在模仿、记忆的基础上将学习到的语言创造性地运用到生活的其他场合。

②文学作品为学前儿童提供了丰富的语言材料，他们可以在上下文中理解和学习新词，巩固在日常生活中学到的词汇，掌握和运用某些比较复杂、抽象的词汇。

③文学作品本身的趣味性和引人入胜等特点，使其成为培养学前儿童倾听能力的一个重要内容。

④文学作品以书面语言的形式出现，易引起学前儿童对阅读的向往，对学前儿童阅读兴趣的培养、阅读习惯的养成和阅读能力的提高具有一定的促进作用。

3. 语言是形式与功能的统一

语言是一种社会性的符号系统。个人学习理解和使用语言的目的在于能够有效地与他人进行交流，同时语言需要符号、顺序、规则等一套规则系统用以表达事件发生的经过、原因、影响等。因此，语言是符号性和社会性的统一，即形式和功能的统一。

二、整合教育观

（一）整合教育观的基本内涵

整合的语言教育观念意味着把儿童语言学习看成一个整合的系统，充分意识到儿童语言发展与其他智能、情感等方面的发展是整合一体的关系。离开了儿童发展的其他方面，语言学习是不可能成功的。与此同时，儿童语言学习的每份收获，都对他们其他方面的发展起到良好的促进作用，儿童其他方面的发展同样也离不开语言的发展。基于这样的观念，在开展学前儿童语言教育的时候，始终将其作为学前儿童教育整体中的一部分来看待，并加强学前儿童语言教育与其他方面教育之间的联系。把语言学习与其他方面知识和能力发展割裂开来，对学前儿童进行纯语言教学的做法已经不合时宜了，不应采纳这种教学行为。

1.语言教育目标的整合

在制定学前儿童语言教育目标时，既要考虑完整语言各组成分的情感、能力和知识方面的培养目标，也要考虑在语言教育中可以实现哪些与语言相关的其他领域的目标，同时也需要考虑哪些语言教育的目标可以在其他领域的教育中得以实现，使语言教育目标成为以促进儿童的语言发展为主线，同时促进儿童其他方面发展的、整合的目标体系。只有树立了整合的语言教育目标意识，才能实现语言教育内容和方式的整合。

2.语言教育内容的整合

儿童语言发展有赖于三种知识的整合习得：社会知识、认知知识和语言知识。因此，当代学前儿童语言教育内容是以这三种知识为主的整合，而不是仅以句型词汇的反复操练，以纯语言训练为教学内容。学前儿童语言教育内容的整合，要求教育工作者在设计和选择教学内容时，充分考虑社会知识、认知知识和语言知识的有效结合。语言教育内容的整合是渗透在教育整体各个方面的语言学习机会的整合。正如语言教育中融有其他方面的教育一样，其他方面的教育也从不同角度对学前儿童语言学习提出了要求，并帮助学前儿童学习在不同情境、不同性质活动中运用语言的应变能力。

3.语言教育方式的整合

目标与内容的整合，同时牵制着语言教育方式的整合走向。整合方式的突出特点，是以活动的组织形式来建构语言教育内容的，其中包括专门的语言活动和与其他活动结合的语言活动。在活动中，允许多种与儿童发展有关的符号系统进行参与（包括音乐动作、语言等）。语言教育内容与方式的整合，有利于构成良好的语言教育环境，学前儿童不再单纯为学说话而学说话，不再被动地接纳教师传授的语言学知识，他们在整合的语言教育环境中获得的是语言和其他方面共同发展的机会，他们是主动探求并积极参与的语言加工创造者。

（二）整合教育观的理论依据

学前儿童语言教育的整合教育观是儿童语言学习系统理论影响的直接结果。儿童语言学习系统是指儿童在获得和发展语言过程中所有发展要素的形成构造。

1. 三环学说

率先提出以系统性方式研究儿童语言构成是美国儿童语言发展学家路易斯·布伦姆和玛格丽特·莱希。在分析综合儿童语言和相关领域研究成果的基础上，这两位研究者创造性地提出儿童语言学习的三环学说，这个三环学说用三套环图示表示（见图4-1）。儿童语言学习系统由语言内容、语言形式和语言运用三个主要方面构成，它们之间有相互作用的关系，并各自承担不同的任务。

图4-1 儿童语言学习的三环学说示意图

语言内容指词和词相互间在传递信息及含义时的表征关系。如果从具体情景的角度考察，语言内容可以转化为代表一个具体信息的话题或一组相互间有联系的不同话题。例如，当儿童谈论妈妈或饼干的时候，我们所说的某一个或若干个话题，便是我们这里提及的语言内容。儿童语言内容的发展取决于儿童知识（在记忆中表现的有关世界上各种物体和事件的信息）与儿童生活内容（周围的人、物和事件）的相互作用。

语言形式是指儿童语言中约定俗成的符号系统和系列规则。儿童学习说话时必须掌握语音、词法（词汇）、句法，这三方面的能力是综合一体习得的，而这个综合体便是语言形式。

语言运用主要包括两个因素，一是语言的功能和目的——我们说话的原因；二是语言情境——影响和决定我们如何理解别人的话，并选择一定的语言形式去达到说话的目的。因此，从出生起，儿童便在逐步学习什么时候、怎样去对什么人说什么话。

布伦姆和莱希强调，儿童语言的发展是在语言形式、内容与运用三方面交互作用综合习得的状态下完成的。无论是儿童语言理解，还是语言表达，都离不开这三个方面的综合作用。

2. 四范畴说

20世纪70年代末以来，人们在布伦姆和莱希理论的影响下，开始普遍接受并以系统的观念看待儿童语言发展与语言学习。随着儿童语言和儿童发展其他方面研究的深入，语言学习系统理论在美国另两位研究者卡洛·乌尔福克和伦奇那里又有了很大进展，出现了走向儿童语言学习整合观的转型。

1982年，伊丽莎白·卡洛·乌尔福克和琼·伦奇从相互作用观点论述儿童语言与语言障碍，并提出了儿童语言学习系统四范畴理论。卡洛·乌尔福克等认为，尽管布伦姆和莱希提出的三环学说对语言教育（特别是语言治疗）产生了极大影响，但他们的理论核心仍然将语言学习系统看作语言规则知识。儿童语言学习有其他发展方面的参与，不可避免地具有语言范畴之外的因素，仅限于语言规则知识的儿童语言学习系统还不足以解释语言发展和语言学习的许多问题。乌尔福克和伦奇提出，从更大范围对语言学习系统进行整合思考，用四方块图形（见图4-2）表示儿童的语言学习和发展涉及相互联系的四个范畴。

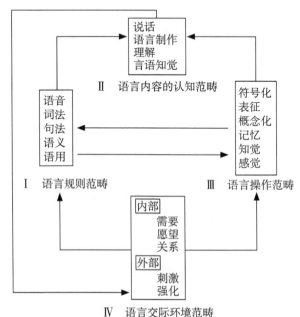

图4-2　语言学习的四范畴说示意图

（1）语言规则范畴

语言规则范畴是包含了语言信息传递时所需要的词汇、语音、语法、语义和语用等一切语言系统因素的规则，这些规则的综合便成为语言代码。儿童必须学习这些规则才能使用语言。

（2）语言内容的认知范畴

语言内容的认知范畴囊括了儿童语言学习时参与的感觉、知觉、记忆、表征、概念化和符号化等认知因素，这些认知范畴的意义在于儿童通过感知觉的形式去发展自己的认知结构，同时也对语言学习的理解和语言材料的产生起决定作用。其中的相关能力是儿童语言发展不可缺少的一方面。

认知范畴与语言学习系统其他方面的关系是：①认知发展因素是语言代码发展的基础；②认知与语言是相互关联的，语义的组织有赖于认知系统，而语义又是语言代码的基础；③语言为认知发展本身提供了模仿、表征和符号化等实践机会；④认知和语言两方面知识在理解和产生语言活动中共同发挥作用。

（3）语言操作范畴

语言操作范畴指人们使用语言去进行交往的行为性过程，语言结构、概念和基本需要是在操作中得以实现的。人们已习惯将语言操作看成接受与表达、输入和输出或被动与主动的过程，而卡洛·乌尔福克却在综述大量研究成果的基础上，提出语言操作应包括言语感知、理解、语言制作和说话几个方面，认为语言操作是一个有认知参与的过程。

（4）语言交际环境范畴

语言交际环境范畴是指儿童进行交谈时支撑他们说话的交流关系。对语言使用者来说，交际环境具有内部与外部两种作用。内部作用促使交谈双方产生动机、愿望和需要，外部作用则具有刺激、辅助和保持交谈双方言语契合紧迫感的意义。将交际环境列为儿童语言学习系统范畴之一，充分表现出儿童语言发展过程中社会情境的重要性，儿童只有在社会情境中才能成为积极的语言交际成员。

卡洛·乌尔福克和伦奇援引路维斯和奇瑞的研究成果，认为儿童社会知识、认知知识和语言知识三位一体，构成了儿童的交际能力。他们认为，人是社会性动物，自出生起便与他人建立起一种联系，此后的发展中逐渐增加与他人联系的社会性意义。儿童所有知识都是在与社会环境的交互作用中获得的，其中当然也包括他们经常使用并逐步发展的语言知识。因此，儿童语言发展中包含了社会性环境成分，而社会性环境又是儿童语言实践成长的机会条件。

三、活动教育观

学前儿童语言的活动教育观，是指以活动的形式来对学前儿童进行语言教育，帮助学前儿童学习语言的观点。学前儿童在生动活泼的操作实践中动脑、动嘴、动手从而成为主动探求并积极参与的语言加工创造者。

（一）活动教育观的基本内涵

学前儿童语言的活动教育观具体体现在教育过程之中，包括要求教师更多地提供学前儿童充分操作语言的机会，鼓励儿童以多种方式操作语言和发挥儿童在操作语言过程中的主动性等几个方面。

1. 提供学前儿童充分操作语言的机会

有关理论告诉我们，儿童发展是靠他自己与外界环境相互作用而建构起来的。儿童的语言发展也是通过儿童个体在外界环境中与各种语言和非语言材料交互作用得以逐步获得的。儿童发展需要外界环境中的人、事、物的各种信息，但这些信息不是由成人灌输去强迫儿童接受的，而是在没有压力、非强迫的状态下，儿童通过自身积极与之相互作用而主动获得的。学前儿童语言教育便是引导学前儿童积极地与语言及其相关信息进行相互作用的过程。

2. 通过多种形式的操作，促进儿童语言的发展

儿童认知发展的显著特点是通过他们自身的操作活动（包括动手、动脑及手脑并用的操作）来发生与环境的交互作用。因而，操作活动同样也是学前儿童语言教育的组织形式。用活动的形式来组织学前儿童语言教育过程，意味着学前儿童可以在动手、动脑、动嘴的学习中获得亲身经验，也意味着学前儿童更有兴趣、更积极主动地投入学习过程中去，还意味着学前儿童在学习中同时获得动作表征、形象表征和概念表征三种层次水平的练习，可以更好地掌握学习内容。在学前阶段，儿童的活动往往与摆弄玩具等具体形式分不开。用活动的形式来帮助学前儿童学习语言，可以使儿童学得更活、学得更有趣，也学得更深入些。相反，机械的语言训练或者机械背诵记忆作用，对学前儿童的语言乃至其他方面的发展未必具有长远效益。

儿童主体作用发挥的核心在于激发其学习的内在兴趣和动机，因为在兴趣尚未被唤起之前是难以点燃其学习动机之火的，一切用强迫手段达到的目的均毫无价值。

3. 要注意发挥学前儿童在活动中的主体作用和教师在活动中的主导作用

所谓学前儿童的主体地位，是指在活动组织设计时充分考虑内容与形式

以适应学前儿童发展水平的需要；学前儿童在活动过程中始终有积极的动机、浓厚的兴趣和主动的参与精神，而不是被动的、消极的受教者；活动为每个参与者（即每个学前儿童）提供适合他们发展特点与需要的环境条件。当某些学前儿童因个体发展特点而出现不适应情况时，如某个学前儿童在学习某个文学作品时存在较多困难，可通过适当调整使之愉快、积极地投入学习。

教师在语言活动中的主导作用主要通过三个方面来体现。

①通过提供良好的语言教育环境、语言材料、操作材料、适当的氛围等，来体现教师有关教学的目标设想，安排和组织学前儿童与一定的语言材料以及相关的信息材料相互作用。

②教师通过提示、提问、讲述或暗示、示范等方法，指导学前儿童感知和探索，帮助学前儿童找到获得知识的途径，从而引导学前儿童完成学习任务。在学前儿童与环境相互作用的关系中，教师往往成为一种中介力量，设计环境让学前儿童与之交往，同时也指导学前儿童去与环境交往。

③因为每个学前儿童发展的差异，同样情境中每个人获得的知识经验亦可能存在差异。教师的主导作用便是在对全班提出统一要求时，根据自己对每个学前儿童发展特点的了解有针对性的给予指导，争取让每个学前儿童都得到进步。

（二）活动教育观的理论依据

学前儿童语言教育的活动观点以心理学有关活动以及认知与活动之间关系的理论，特别是皮亚杰的认知发展理论作为主要依据。

1.儿童的发展有赖于其自身的活动

活动是人类生存和发展的一种基本方式，是一种由动机（其中体现着某种需要）所激励和指导的过程。也就是说，活动是通过对周围现实的改造以实现人的需要或目的的过程。人的活动是多种多样的既包括物质的、实践的操作，也包括智力的、精神的操作；既包括外部的过程，也包括内部的过程。儿童的智慧就产生于动作，产生于儿童在各种形式的活动中的操作，是由他自身与外部世界不断相互作用而逐渐形成的一种结构。因此，儿童的智慧不是天生的，也不是对外部世界的简单复写，而是儿童自己在经常参与各种活动中，对周围环境中的人、事、物施加各种动作，与之发生各种关系的过程中逐渐建立起来的。正如皮亚杰的《儿童心理学》中所说："知识在本源上既不是从客体发生的，也不是从主体发生的，而是从主体与客体之间的相互作用中发生。"

语言学习从本质上说是一种行为活动，但语言的复杂结构既不是天生的，也不是学习得来的，它是儿童当前认知机能与他当前所处的语言及非语言环境相互作用的结果。可以说，智慧起源于人体对周围环境的动作，儿童的语言则起源于他的智慧发展。一方面语言发展以最初的认知发展为前提，认知发展的顺序和普遍性决定了语言发展的顺序和普遍性；另一方面，语言和符号功能的发展也促进了认知发展。

2. 同化和顺应是儿童认知和语言发展的两种机制

人的智慧（包括语言）都是对外界适应的一种形式。人的认知是在遗传下来的一些反射活动，如吮吸、眼动、抓握等的基础上发展起来的。随着年龄的增长，儿童的活动范围逐渐扩大，活动内容逐渐增多，也变得更加复杂。经过各种活动中的操作，学前儿童在与外部世界接触的过程中，不断地通过同化和顺应两种方式与外界新刺激进行相互作用。一方面将外界的新信息融入到自身的认知结构之中，即同化作用。通过同化作用，儿童将陌生的事物纳入原有的认知结构，从而达到对事物的理解。同化的直接结果是促进原有认知结构内容量的扩大。另一方面又不断地改变原有的认知结构或建构一种新的认知结构以容纳新鲜的刺激，从而达到对外界环境的适应。这一过程便是顺应。顺应包括两个方面：其一是对原有认知结构的改造，使其可以接纳新的信息；其二是创造一种新的结构，以接纳新事物。顺应作用促使认知结构发生质的变化，从而导致认知的发展。儿童是主动的探索者，其活动受当时的兴趣和需要支配，即活动是由儿童主动发起的，而非消极、被动地接受他人安排的。同化和顺应是智慧发展的机能，正是在儿童主体对外界客体的主动、能动的操作活动中，儿童才能够通过同化作用获得关于客体的知识，增长改造环境的能力。通过顺应使自身内在精神世界及其特性发生变化，从而促进其智慧的发展。

3. 儿童认知与语言发展的影响因素

影响儿童认知发展的四个因素有成熟、物质环境的经验、社会环境的作用和平衡化。

（1）成熟

成熟主要指神经系统和内分泌系统的发展对认知发展的影响。成熟是儿童认知发展的生理基础，为认知的发展提供可能性。如果认知发展未曾达到一定水平，外界的新信息就不可能引起认知的同化并与顺应机能发生作用。

（2）物质环境的经验

物质环境的经验即儿童通过与外界物质环境的相互作用得到的经验。物质环境经验可分为简单练习、物质经验和数理逻辑经验三种。简单的练习是指通过感官获得有关外界事物的简单的、外部的直观特征；物质经验则是主体作用于客体的过程中，通过抽象获得的有关客体的颜色、重量、比例、速度等性质；数理逻辑经验则是通过对外界客体的操作和与客体之间的协调获得的有关主体与客体之间关系的经验。这些经验是使儿童认知发展成熟的必要条件。

（3）社会环境的作用

社会环境的作用主要指儿童参与的社会生活、语言信息的交换和文化教育的影响。每一个儿童的活动都不是发生在真空之中，而是发生在一定的社会环境之中的，是在与他人交互作用的过程中进行的。关于社会的知识和经验是由成人传递的，而成人传递的知识同样要通过儿童自身的同化和顺应的机能发生作用，才能使儿童吸收并为其服务。

（4）平衡化

平衡化是对上述三个因素之间的相互作用所需要的协调。任何认知结构的形成，都要经过不断地同化和顺应的一系列活动，这是一种自动调节形式，要保持同化和顺应两种活动的平衡；同化和顺应一旦失去平衡，就出现失衡。当儿童在认识过程中出现不平衡状态，便会主动地去作必要的同化和顺应，以达到新的平衡。这种新的平衡是发生在低层次的平衡被打破以后，在高一级的水平上建立起来的，因此平衡的倾向作为一种过程，总是把儿童的认识水平推向更高阶段，从而推动儿童认知的发展。

第二节　幼儿园语言教育活动的组织原则

21世纪社会语言环境对幼儿也会产生影响，我们要随着时代的发展调整、改进，但是正确的原则不能变。

要想语言教育活动取得实效，掌握语言教育活动设计与实施的原则是至关重要的，它是教师设计与实施语言教育活动必须遵循的基本准则和基本要求。我们认为，作为活动的设计师和具体实施者，教师在具体活动运作过程中，如何综合各种理论使教育活动形成科学的、合理的机制，并有效地运转产生积极的效果，关键在于教师能否在语言教育活动中科学地遵循与运用设计与实施的原则。我们认为语言教育活动设计与实施的原则要有以下几点。

一、教育活动经验的连续性原则

所谓经验的连续性是指在设计与实施教育活动时，既要了解儿童已有的语言经验，又要考虑在此基础上为儿童提供新的语言经验，由此而获得语言能力的进一步发展。设计与实施任何一组或一个语言教育活动，教师都必须注意学前儿童的语言经验。只有以儿童语言经验为基本设计的出发点，才能保证设计与实施的活动是符合儿童语言发展需要的，才能使设计与实施的活动对儿童语言发展真正起到促进作用。

设计与实施教育活动时，首先要考虑的是儿童的语言经验。语言经验表明了当前儿童语言发展的实际水平，这是设计教育活动的根本。如果不掌握某个班儿童已有的语言发展水平，设计和实施的教育活动有可能成为"无的放矢"的活动。例如：实习教师刚刚接触孩子，不了解孩子的语言基础和发展特点，精心设计了一节故事"救小鸭"。在活动中，当教师指着很完美的图片提问："谁能把故事完整地讲一遍"时，3岁的孩子一片哑然，不知所措。3岁孩子的语言发展特点是会说完整的一句话。让3岁的孩子将几幅图完整讲述实在是难上加难，如果让孩子在会说完整话的基础上完整讲述其中一幅图，那样才能使设计与实施的活动对孩子语言发展真正起到了促进作用。设计活动前，教师要观察和了解本班儿童在日常生活和教育活动中已积累的经验，是否能解决语言活动中所设置的问题，如"小白兔出门不小心忘记带钥匙怎么办"。儿童若在生活中已积累了此类经验，才能组织适当的语言回答教师的问题。其次，为了给儿童提供新的语言经验，应该建立在原有经验的基础上，让儿童通过自己的努力达到目标，这可以引发儿童较强烈的学习兴趣，对儿童具有一定的挑战意味。又如，班上幼儿在3～4岁，教师要经常对他们进行随机教育：××像××，孩子们的生活经验很丰富，他们都会用完整的语言说出"圆形像苹果""圆形像皮球"。为了进一步完善句子，编出朗朗上口的儿歌，教师用新颖的教具与他们共同完成了教学活动"圆形像什么"。在活动中，他们凭借自己的语言经验循序渐进地完成了教学目标。在活动中，由会描述到会组织语言编儿歌，"圆形像一个大皮球，圆圆的皮球拍拍""圆形像一个大苹果，圆圆的苹果脆甜"。在这样的活动中，儿童获得了语言能力的进一步发展。教师还可以用扩编的方式让儿童在活动中将新学到的经验，编进自己的故事中，丰富故事的内容，发展儿童的思维能力。

二、教育活动中主客体交互作用的原则

有关理论告诉我们，儿童发展是靠他自己与外界环境相互作用而建立起来的。身体发展需要的是营养物质，包括空气、阳光、水和各种食物，经过身体器官各系统的作用，能吸收并转化为生长发育所需的能量。儿童语言的发展也是通过儿童个体在外界环境中与各种语言和非语言材料交互作用而得

以逐步获得的。

主体和客体交互作用在语言教育活动过程中具体的体现是：主体（儿童）具有参与语言活动有关的活动对象的主动性和积极性，客体（即多种语言教育内容和适合的教育方式）从客观上能引起儿童兴趣，激发儿童的情感，能起到促进儿童主动参与活动的作用。通过主体和客体不断地、连续地交互作用，促使儿童语言获得有效的进步。例如：大班语言活动《小小广播站》的教学活动中，现代儿童广泛接触各种媒体，例如电影、电视、广播、戏剧等等，知道许多的广播种类和方式，对此项活动有一定的主动性和积极性，抓住这个教学契机，运用多种教学内容以及方式可激发儿童的兴趣。比如：组织儿童收听广播，将节目录制下来，感受播音节目的特点；带领儿童参观广播播音间，看到新奇的设备能激发儿童的表现欲；继而根据儿童的兴趣取向，选择适合儿童的内容形式，诸如：天气预报、讲故事等诸多栏目等进行准备。这时可充分调动家长的能动性，发挥亲子作用，将活动水平加以提高。随后的教学活动因其客体交互作用的缘故，儿童情绪高涨，家长兴趣盎然，儿童从观望到参与，从参与到竞争，从竞争到水平日见提高。

学前儿童具有语言发展的先天潜能，对周围环境中的语言刺激特别敏感，并有主动、积极学习和运用语言进行表述的愿望和需要，这为组织语言教育活动提供十分有利的先决条件。为使儿童更主动、积极地参与活动，每次活动的语言内容和方式，必须达到能激发儿童听说兴趣和帮助儿童学习正确表述的目的。当然，学前儿童的语言发展需要外界环境中的人、事物的各种刺激、信息等，但这些信息不能由成人去灌输、去强迫儿童接受，而是应该在没有压力、非强迫的状态下，儿童通过自身积极与之相互作用而主动获得的。学前儿童语言教育便是引导儿童积极地与语言及其相关信息进行相互作用的过程。

三、教育活动相互渗透性原则

按新《纲要》的主旨：语言教育应是听、说、读、写、观察、表演、思维、想象、操作等行为的整和。幼儿语言的发展与其情感、经验、思维等其他方面有着密切的关联。因此，在幼儿园语言教学中应以语言表述为主线，教师抓住各种契机，挖掘幼儿各方面的潜能，在教学领域中相互渗透，才能真正培养幼儿语言综合素养和能力。

语言是一种符号系统，语言教育活动主要是语言符号系统的活动，是以语言教育为主要目的而组织的教育活动。由于儿童认识过程的直观形象性，因此在设计和实施语言教育活动时，学前儿童主要吸收的是语言信息材料，但也必须依靠那些与语言有关的其他符号系统，如将美术符号、音乐符号甚至动作符号等自然地糅合在语言教育活动中。这种有机的糅合，实际上就是相互渗透。可以说，语言教育活动是以语言符号系统操作为主的活动，也是多种符号系统参与的活动。活动中除了语言，还可能有音乐、美术、动作等不同领域活动因素并存。但不能因为教具的先进性、多样性而影响主要的活动性质。在设计与实施语言教育活动时，有美术、音乐、动作等符号系统参与活动，更有利于儿童主动积极地学习和掌握新的语言信息，更有助于他们对语言内容的理解与获得，从而促进儿童语言能力的提高。例如：在故事欣赏《龟兔赛跑》中，首先让儿童熟悉了故事的主要内容，然后请孩子们闭上眼睛，聆听《龟兔赛跑》音乐，想象森林中乌龟与兔子赛跑时的情景，并让他们用语言描述出来。能力强的儿童边听边说并还能用动作表现出来。这样语言与音乐的有机整合，既丰富了活动内容，又引导了不同水平的儿童表现欲望，它不仅能提高儿童对音乐的理解能力，发展儿童的想象力、表现力和创造力，同时使儿童在轻松、自然的气氛中获得了语言能力的发展。最后，请儿童在音乐的伴奏下，对故事中的《龟兔赛跑》进行绘画，让孩子们对自己的绘画作品进行讲述。优美的语言与画面相结合，调动了儿童积极的思维，他们说得津津有味，带着作品的整体印象，再进行联想，使儿童的语言和思维及绘画能力均得以发展。

在设计与实施语言教育活动时，应根据语言教育活动的内容，引入具体、形象的符号系统作为辅助学习的工具。各种符号系统参与儿童的语言教育活动已成为一种新的趋势，但是教师在实际应用中应当从语言角度做更多的考虑，尤其要注意以下几点要求。

第一，活动的要求、内容和形式都应从语言角度进行思考，为学前儿童提供适应其语言发展需要的学习机会。

第二，在语言教育活动中，其他发展领域活动因素的参与具有辅助意义。什么时候要辅之以音乐或美工的活动手段，要根据活动内容的要求而定，要从如何帮助学前儿童更好的理解学习内容、主动积极地学习、完成学习任务的角度来确定。千万不能搞花架子，不能搞那种表面上热闹，而学前儿童的语言没有得到发展的活动。

第三，语言教育活动应从语言符号系统的角度出发，经过多种符号系统参与的活动，最后仍应"落脚"到语言符号系统的活动上。教师在设计与实施活动时，既不要简单无目的地将活动搞成语言、音乐、美术的"大杂烩"，也不要忘记落实促进儿童语言发展这一根本点上，那种主次不分、本末倒置、搞形式主义的"什锦大拼盘"都是不可取的。

四、活动内容和活动方式相适应的原则

语言教育活动的内容是多方面的，活动的方式也是变化无常的，他们之间存在着一定的关系。在教育实践中，不同的活动内容可以选择相同的活动方式，同一个活动内容也可以选择不同的活动方式。例如：故事、诗歌、图片和情景讲述，都可以采用表演的活动方式。又如看图讲述，可以采用逐幅出示图片的方式，也可以采用按内容段落分批出示图片的方式，还可以采用几幅图片一次全部出示的方式，来组织儿童观察、思考，局部讲述乃至连贯讲述。不同的活动内容还可以选择不同的活动方式，如语言活动《小猪变干净了》和《月亮姑娘做衣裳》，这两个完全不同的语言故事，教师可以采用不同的教学方式。《小猪变干净了》首先出示一只脏兮兮的小猪，进行一番描述后，接着出示一张干干净净的、可爱的猪宝宝，也就是把故事的开头和结尾先展示在儿童面前，激发他们去想象故事的过程，之后再出示整个故事，使孩子们对《小猪变干净了》这一故事的记忆更加深刻，也更容易打开儿童那丰富的想象空间。而《月亮姑娘做衣裳》这一活动就不便用于上述方式，月亮的变化是一个有序的过程，因此教师可以先采用谈话导入法，引出月亮做衣裳的课题："你们见过月亮吧！它什么样？像什么？""如果有一天月亮姑娘想做衣裳了，会发生什么事呢？""让我们一起听《月亮姑娘做衣裳》这个故事！"结合裁缝师傅和月亮变化图、衣裳变化图进行分段欣赏故事，了解月亮在不同时期的不同变化这一自然现象。延伸活动设计为：儿童当"裁缝"给月亮做衣裳，充分发挥儿童想象力，培养儿童动手操作能力。

在设计与实施语言教育活动时，必须充分考虑活动内容要和活动方式相适应。首先，活动方式的选用取决于活动内容的类型。如活动内容是看图讲述，属于表述的类型，因此要给儿童提供比较多的练习讲述机会。采取的方式是为儿童提供人手一套小图片，并安排多次学说完整语言的机会，最后以动作符号系统的参与来结束活动，使原来比较枯燥的学习内容变得丰富多彩，以此保持儿童积极高涨的学习兴趣。其次，根据具体的活动内容采用合适的活动方式。如学习童话《耳朵上的绿星星》，教师就可以考虑采用故事表演的方式来帮助中班儿童理解童话故事内容，体验作品角色的情感心理。如果换了一首短小的诗歌，或学习某个讲述内容，就不能采用表演的方式进行了。再次，教师要注意活动内容是否符合儿童的实际特点。例如，有的故事内容很适合进行表演，但表演对参加活动的某个年龄班的儿童有较大难度，这时教师就应考虑改用其他的活动方式来进行。正所谓"学无定法"，教师要根据儿童的实际发展水平精心组织与设计。

思考题：

1. 试述完整语言教育观的指导思想。

2. 试述整合教育观念的指导思想。

3. 什么是活动教育观？

4. 试述语言教育活动的组织原则。

第五章 幼儿园语言教育活动设计

第一节 幼儿园语言教育活动的特点

一、语言教育活动的目的性和计划性

在语言教育活动中，教师有目的、有计划地进行教学，将经过提炼和深化的语言素材交给幼儿，使幼儿能有效地理解语言规则和有意识地运用语言工具。语言教学活动可以通过组织幼儿对一些儿童文学作品的听、看、讲述、讨论等途径进行，可以通过看图说话、情境表演、木偶剧、小话剧等实施活动。教师要注重幼儿的早期阅读活动，以此为语言教育的突破口，培养幼儿阅读兴趣和良好的阅读习惯，以此带动语言教学。

二、活动准备提倡多重性与参与性

（一）物质准备

幼儿的思维具有直观、形象的特点，生动、直观的教具有利于幼儿理解学习内容，教师根据活动目标、内容、环节需要做充足的物质准备，如图片、挂图、实物、录音机、光盘资料、计算机、摄像机、幻灯机、投影仪等，这些物质的准备不但能与教学内容相呼应，还能调动幼儿学习的积极性。

（二）幼儿经验的准备

幼儿原有经验是完成教育活动目标的基础，它是激发幼儿学习欲望和达到学习目的的最根本的条件。以往教育活动的准备都忽视了幼儿的原有经验，造成了教师的主观臆断，使教育活动达不到预期的效果。幼儿经验准备分为两个方面，一是教师了解幼儿已具备的经验、能力水平，做到因材施教；二是可根据幼儿经验、能力的不同，通过"一日活动"中的各个环节给幼儿们准备机会，例如，大班语言教育活动"编谜语"，教师对哪些幼儿会说谜语、哪些幼儿知道谜语的编法、哪些幼儿从来没说过谜语等情况必须做到心中有

数。教师要对缺乏此方面经验的幼儿通过语言活动、空闲时间、个别交流等方式为幼儿做经验上的准备。

（三）环境气氛的准备

提供给幼儿有准备的环境是《纲要》思想的体现。许多教育事实都证明了环境对人，尤其是对幼儿具有很强的影响作用，充分利用环境可提高教育效率。例如大班的语言活动"有趣的汉字"在进行活动准备时，教师给幼儿营造了一个汉字世界，教师把班级中的各种物品都挂上了汉字标签，让孩子们感受到汉字无处不在，引发了幼儿学习的兴趣。这样的一个汉字环境对进行"有趣的汉字"活动起到了呼应的作用，幼儿会很自然地进行活动，而不会感到陌生，对活动的圆满完成起到了很好的作用。

（四）幼儿与家长共同参与活动准备

家长同步教育的效果是不言而喻的，注意发挥家长的教育力量已成为幼教工作者的共识。教师在进行教育活动准备时，要充分利用教育资源，增加教育要素的投入，扩大教育的空间。例如，小班语言活动学习诗歌《片片飞来像蝴蝶》。在活动之前，教师请家长带幼儿观察秋天树叶的颜色和飘落时的情景，使幼儿有感性的认识，以便在学习中易于理解。家长通过参与教育活动的准备，也了解了幼儿园的教育内容和幼儿的语言发展水平，并配合幼儿园进行教育。

三、幼儿园的语言教育活动是一项专门的语言学习过程

学前儿童除了通过活动和交往不知不觉获得语言的知识外，还需要有专门的语言学习活动，让幼儿有几种学习语言知识和发展语言能力的机会。例如：绘画和连贯讲述能力的训练，创造性讲述能力的培养等，都需要在教师的指导下有组织地进行。另外，有组织的教育活动还可使幼儿相互交流自己已获得的语言经验，锻炼幼儿在同伴和成人面前说话的勇气和自信心。例如，教师设计语言活动《做广告》。

①教师给幼儿布置了手机广告的任务；

②幼儿说说有趣的广告；

③教师提供一些实物引导幼儿创编；

④幼儿设计广告；

⑤把广告迁移到游戏中去。

在活动中，愉快情绪的相互感染也有助于提高幼儿语言学习的兴趣和敏感性。

第二节 幼儿园语言教育活动设计的原则

幼儿园语言教育活动设计与组织的原则，是指教师在设计和开展语言教育活动时需要遵循的基本准则和基本要求。以下原则是从有效的组织活动的规律中引申出来的，它是使语言教育活动具有基本质量和必要效率的保证。

一、积极活动的原则

活动是幼儿主要的学习方式，幼儿必须通过自己的活动才能获得对外界的清晰印象，并将这些印象积累起来形成知识和能力。也只有通过幼儿的自主活动，才能把获得的知识运用在生活中。幼儿语言教育的最终目的就是让幼儿运用语言，在活动中运用、在生活中运用、在学习中运用。由此可以说，幼儿的发展是通过活动而实现的。要在语言教育活动中贯彻这一原则，教师必须做到以下几点。

（一）幼儿活动动机的激发

幼儿任何学习活动的发生都是由一定的动机引起的，语言活动也是如此。如果教师在组织活动的过程中能够成功地激发幼儿的动机，那么就可以使活动产生良好的效果。不同的活动内容有不同的激发动机的方式。例如：在组织谈话活动时，教师可以通过引进有趣的话题激发幼儿谈话的动机；在组织讲述活动时，教师则可借助一定的凭借物激发幼儿讲述的动机。

（二）活动的对象要明确

无论是教师的活动还是幼儿的活动，都要指向一定的对象。活动对象的不同也导致了活动之间的差别。如讲述活动的对象是某种凭借物，谈话活动的对象是某个话题。因此，教师在组织语言教育活动时，一定要明确活动的对象。只有这样，才能将这一个活动与另一个活动区别开来。我们在实际教学中常常看到有些教师将语言教育中的谈话活动和科学教育活动混淆起来，就是因为教师没有明确这两类活动的对象：一个是话题，另一个是有关的知识。

（三）要注重幼儿在活动中的"做"

学前儿童的活动是通过一系列的动作实现的，而实现动作的方式就是"做"，即操作。因此也可以说，没有操作就没有活动。但是，在对操作的认识上，往往存在一种偏差，即认为学前儿童动作技能的训练，或学前儿童对某些物体的摆弄才是操作，其他诸如思考、语言等不是操作。其实，操作包括动手操作、动脑操作和动口即语言操作等。各类活动的对象不同，操作的方式也必然不同。在语言教育活动中，学前儿童操作的方式主要是指语言操作。因此，教师在组织语言教育活动中，要充分创造语言操作的条件，使学前儿童在操作中习得和巩固语言。

二、发展语言的原则

传统的语言教育中，教师以教材为中心，以自身为中心，注重知识的灌输、语词的掌握，如单纯地背诵一首儿歌，讲述一个故事等，而忽略学前儿童语言行为能力和语言运用能力的培养。因此，在设计和组织语言教育活动时，着重提出了促进学前儿童语言发展的原则。为了能够准确理解和具体地把握这一原则，教师应注意以下几点要求。

（一）深刻体会《纲要》中语言教育的目标

《纲要》的语言教育目标主要表明语言教育领域重点追求的是什么，它主要的价值取向何在。语言教育目标比较集中地体现了语言特有的价值，也更体现了纲要的基本精神，在目标的表述上，《纲要》用了"乐意""体验""感受""喜欢"等词汇，这说明《纲要》突出了情感、兴趣、态度、个性等各方面的价值取向，着眼于培养终身学习的基础和动力。具体来说《纲要》强调的是语言运用能力和早期阅读的能力。因此，在设计语言教育活动时，要时刻把握《纲要》的思想精髓，做到把促进幼儿发展放在第一位。

（二）语言教育活动的落脚点是幼儿的语言发展

从整个语言教育活动来看，它包括谈话、讲述、听说游戏、文学作品学习、早期阅读等五种活动类型和不计其种类的渗透的语言教育活动。从每一类型的活动内容来看，涉及学前儿童直接经验和间接经验的各种内容。从活动形式来看，有提问回答、自由交谈、分组活动、自由游戏、情景表演等多种多样的形式。但不论教师选择的内容有多么丰富，形式有多么活泼多样，在指导思想上都应明确，促进学前儿童的语言发展是语言教育活动的落脚点，千万不可搞花架子，不能搞那种表面上热热闹闹，而学前儿童的语言没有得到发展的活动。因此，教师在组织语言教育活动时，应该明确学前儿童在语言形式、语言内容、语言运用的哪些方面得到怎样的发展，千万不可为了求得活动的表面热闹而忘记了语言教育活动的根本目的。

（三）按照幼儿语言发展的规律设计活动

贯彻促进学前儿童语言发展的原则，还要求教师在设计教育活动时，遵循学前儿童语言发展的规律，不可任意超前，也不可盲目滞后。如在学前阶段，儿童语音的发展、词汇的发展、句子的发展以及语用技能的发展，都有一定的规律，表现为一定的先后顺序。如学前儿童在语句方面的发展，其大致的先后顺序为：单词句、双词句或电报句、单句、复合句等。教师在设计教育活动时，就要参考学前儿童语句发展方面的一般顺序来确定目标和选择内容。如果在学前儿童还没有掌握不完整句的情况下，就教授完整句，显然就违背了学前儿童语言发展的规律。

三、自由与规范相统一的原则

学前教育作为个体社会化的过程，其目的就是让学前儿童通过学习去掌握社会规范，而它本身又是一种规范。这样，教育就是让学前儿童通过规范去学习规范。学前儿童语言教育活动本身是一种通过规范去学习语言规范的过程，这就要求学前儿童在规范的情景中接受规范的语言，练习规范的语言，用规范的语言进行语言交际。但是教育目的之一又是让学前儿童的个性得到自由发展，在自由中去创造。正如陶行知先生所说，在教育中要解放儿童的嘴、眼、手、脑，要解放儿童的时间和空间。只有这样，学前儿童在语言教育活动中才能和谐充分地发展。因此，教师在组织语言教育活动中，应该注意将自由与规范有机地结合起来。在贯彻这一原则时，就应注意以下几点。

（一）为幼儿提供自由说话、交谈的机会

在教育实践中，往往有这么一种情况，教师刻板地按照事先设计的教案开展活动，教师和学前儿童的提问及其行为都要按照事先规定的轨道进行。如果学前儿童的回答及其行为稍有偏离，就要硬往这预定的轨道上拉。这样做的结果严重束缚了学前儿童的自主性和创造性，致使实际的教育气氛死气沉沉。因此，在组织语言教育活动的过程中，教师应该创造让学前儿童自由说话的机会。不论是哪一类活动，当我们培养学前儿童掌握每一种新的语言经验之前，都要提供一定的时间和空间，让学前儿童运用已有的语言经验自由地交谈。即使在学前儿童获得了新的语言经验之后，也要允许他们在一定规范的范围内自由练习所习得的新的语言经验。要做到这一点，教师就要灵活地运用事先设计的教案，充分利用教育机智，活跃教育活动的气氛。

（二）引导幼儿养成运用规范语言的习惯

语言教育的目的是使学前儿童掌握规范的语言，因此在提供学前儿童自由运用语言机会的同时，千万不能脱离规范的要求。我们知道，学前儿童在各种生活环境中都可以习得语言，但是环境的不同，或者缺乏正式的语言情

境，他们所习得的语言往往不太规范。如果任其自由发展下去，他们将来进入正式的语言交际场合或者接受正规的学校教育时，就会出现严重的不适应，甚至出现思维障碍。学前儿童语言教育的目的是使学前儿童习得规范的语言，并且要在反复的练习和运用中养成规范使用语言的习惯。因此，教师在组织语言教育活动时，就要在语言形式、语言内容和语言运用方面对学前儿童提出规范的要求。例如，要求学前儿童正确使用动词来说明动作，正确使用形容词来描述事物，正确使用方位词来指出方位，正确使用量词来表示物体的单位等，并且知道在什么样的情境运用什么样的语言。即使是学前儿童自由交谈，也应要求学前儿童使用规范语言。只有这样，学前儿童才能逐渐养成使用规范语言的习惯。

四、教师示范与幼儿练习相结合的原则

学前儿童学习语言，尤其是学习规范的语言，往往是通过模仿而进行的。要使学前儿童进行语言模仿，就要求教师给予语言方面的示范。示范是一种很重要的教育手段，从父母教孩子怎样系好鞋带到大学教授给大学生传授自然科学知识，都离不开示范。对学前儿童语言教育来说，教师的示范是学前儿童进行语言模仿的基础。但是，要想教师示范的语言为学前儿童所习得，并能为学前儿童所牢固掌握和灵活运用，就要提供机会让学前儿童反复练习。因此，教师在组织语言教育活动时，必须坚持教师示范与学前儿童练习相结合的原则。要贯彻这一原则，教师应注意以下几点。

（一）教师的示范不要限制了幼儿的思维

在语言教育活动中，有许多活动类型专门设置了教师示范这一步骤。例如：在讲述活动中就有通过教师示范引进新的语言经验，在早期阅读活动中有教师向学前儿童示范阅读方法，在听说游戏中也有教师通过示范阐明游戏的规则等。所有这些步骤的设置其目的都是希望借助于教师的示范使学前儿童模仿并习得规范的语言。但在具体操作示范这一步骤的过程中，往往容易出现偏差，由此限制了学前儿童想象和思维，阻碍学前儿童调动已有语言经验。例如，当教师示范之后，要求学前儿童模仿并练习时，容易出现学前儿童死套教师的语句、缺乏想象力和创造力的现象，这是应该注意避免的。因此，教师在实际运用示范这一方法时，应鼓励学前儿童在模仿的基础上大胆创新，允许学前儿童说出不同于教师的语句及其叙述程序，千万不要让教师的示范限制了学前儿童的思维。

（二）注意运用隐性示范

在一般的教育过程中，教师的示范大多为显性示范，即教师详细地告诉模仿者应该怎样做，并要求模仿者仔细观察教师的语言和动作。这种显性示范对于某些年龄段的教育对象和某些科目的教育是十分必要的，效果也是比较好的，而且对教师示范的要求之一就是让每个观察者都能看得清楚。但是对学前儿童语言教育来说，单纯运用显性示范就显得太单调、太枯燥了，要求学前儿童较长时间地集中注意力观察教师的示范，也不符合学前儿童的心理特点。因此，为了使整个活动过程活跃而不死板就要更多地运用隐性示范。这就要求教师在活动过程中，以一个参与者的身份与学前儿童平等地进行活动。如参与学前儿童游戏活动，在谈话活动中谈论自己的经验等。这时，教师并不明确地要求学前儿童观察教师的示范，而是通过主导活动的方向和进程，通过种种暗示来给予示范。

（三）提供充分练习的机会

练习是学前儿童学习语言的重要方法。通过练习，学前儿童可以加深对语言教育中有关内容的理解，牢固掌握有关的语言知识，熟练运用语言技能。因此，当教师给予学前儿童某种语言示范之后，就要提供充分的时间和空间，让学前儿童反复练习。当然，由于语言教育活动类型的不同，练习的方式和内容也不尽相同。如：可以通过一问一答进行练习，也可以通过游戏进行练习，还可以通过表演进行练习。但不论怎样，教师都应该提供充分练习的机会，激发学前儿童练习的动机，让学前儿童在练习中理解、记忆、运用应习得的语言知识。尤其要注意的是，教师应利用练习让学前儿童学习迁移重新获得语言经验，使学前儿童在迁移性练习中领悟语言的特征。

【活动案例】我喜欢说

一、活动产生的背景

幼儿的知识经验逐渐丰富，较为喜欢想象和手动操作，愿意在集体面前讲话，喜欢与人交流，共享快乐。

活动——谈话共享——我的好朋友

二、获得新经验

引导幼儿紧紧围绕中心话题谈话，会用完整的语言谈论好朋友的服装、特征及愿意找他做好朋友的原因，帮助幼儿初步养成良好的倾听习惯。

三、活动与指导

1. 创设谈话情境，教师以轻松愉快的聊天方式引出话题。

2. 引导幼儿围绕话题自由交谈，幼儿自由结伴进行交谈，要求幼儿主动向同伴介绍自己的好朋友，清楚地表达好朋友的模样，教师巡回参与幼儿谈话，提醒幼儿谈话内容围绕在"好朋友"上。

3. 引导幼儿扩展谈话内容。

（1）集体谈好朋友。请几名幼儿向全班做介绍，清楚地说出好朋友的特点并提醒其他幼儿耐心倾听别人讲话。

（2）教师用提问的方式扩展谈话范围。提问：你的好朋友有哪些优点？你为什么要找他做好朋友？幼儿根据教师的提问说出好朋友的优点。

思考题：

1. 幼儿园语言教育活动的特点是什么？

2. 幼儿园语言教育活动的设计与实施的原则是什么？

第六章 幼儿园语言教育活动指导

第一节 幼儿园的谈话活动

谈话是以对话形式进行言语的交往，即以提出问题及回答问题的方式，发展幼儿的对话能力。在各种类型的幼儿园语言教育活动中，谈话具有独特的促进幼儿语言发展的功能。

一、谈话活动概述

（一）谈话活动的含义

幼儿园的谈话活动是一种有目的、有计划的组织幼儿学习的语言教育活动，这种活动旨在创造一个良好的语言环境，帮助幼儿学习倾听别人谈话，围绕一定话题进行谈话，习得与别人交流的方式，培养与人交往的能力。

谈话活动与日常交谈的区别。日常交谈是幼儿在日常生活中所进行的谈话，同样是谈话，同样都具有发展交流能力的作用，二者有什么不同呢？它们最根本的区别在于谈话活动是有目的、有计划地创造交谈机会，而幼儿日常交谈则是无预期目标和计划的谈话，具有自发性与随机性。相应地，前者明显体现出教师的指导作用，而后者则更多的是发挥幼儿的主动性。同时，二者又是相互促进、互为基础的。在形式上，前者是在集体场合下进行，而后者往往是在两名或两名以上的幼儿中发生的。从话题来说，前者是固定的，是教师根据教育目标、计划而精心设计的，后者是非固定的，是幼儿随意产生的。从时间上来说，前者是利用正式活动时间专门进行的，后者则一般发生在自由活动中。

谈话活动与科学教育中的"总结性谈话"的区别。二者最明显的区别在于活动目的和内容不同，谈话活动侧重于培养幼儿语言能力，不特别考虑话题内容的认识范畴；而"总结性谈话"目的在于帮助幼儿巩固加深有关科学内容的认识。需要注意的是，幼儿园各种类型教育活动之间本身就是密切联系、相互渗透的，如谈话活动"我喜欢冬天还是夏天"与总结性谈话"关于冬天的总结谈话会"在内容上是相互渗透的，都要涉及冬天大气特征、景象和人们的活动等内容，在教学中将谈话活动与总结性谈话适当结合能够取得更好的效果。

（二）谈话活动的作用

幼儿园谈话活动对幼儿语言发展的作用具体表现在以下几个方面。

1. 激发幼儿交谈的兴趣

在幼儿语言发展过程中，幼儿学习语言的态度是否积极主动，讲话的愿望是否强烈，将影响幼儿对语言信息的摄入量，影响语言发展的速度与水平。通过专门的、有组织、有计划的谈话活动，能够使幼儿集中注意力，激发幼儿的谈话兴趣，培养谈话的积极性、主动性，逐渐养成谈话习惯，从而促进幼儿口语能力的发展。

2. 促使幼儿关注周围生活

幼儿通过气氛热烈的谈话，对谈话活动所谈内容能够加深了解并激发他们对周围生活的关注，建立积极的生活态度和情感。如在谈话活动"我们的城市"中，幼儿在谈论城市的过程中，逐渐增进对城市的了解，同时也激发对自己居住城市的热爱之情。再如谈话活动"我们有好看的图书"，幼儿观看教室里的图书角和其他图书，在一起谈论自己所喜欢的图书，从而增加了有关图书的知识，从内心里认识到图书的重要性和可爱之处，在日常生活中更加喜欢阅读和爱护图书。

3. 帮幼儿掌握谈话的规则和谈话的技巧

幼儿语言学习的过程也是语言使用规则的习得过程和语言技巧成熟的过程，帮助幼儿学谈话，实际上是指导幼儿按照社会交往过程中约定俗成的方式进行语言交流，使幼儿在谈话活动中能够逐渐领悟、掌据谈话的基本规则和基本技巧。幼儿学习谈话时，不仅需要握倾听、理解别人谈话等能力，而且还应该懂得人际语言交往的基本规则。如别人讲话时不可以随便插话，别人讲话时要认真倾听、要等别人把话讲完后再说话，等等。为保证谈话的进行，参与谈话者必须对别人所说的话给予应答等。如果违背了这些谈话的基本规则，就有可能对人际交往造成不利影响，干扰谈话的正常进行。幼儿学习谈话的技巧，可以使同样的话语能够达到不一样的目的和结果。如向别人借东西时，要用商量的口吻来说，这样既礼貌又能够借到所要借的东西。

4. 增强幼儿获取信息的意识和增加获取信息的渠道

在谈话活动中，幼儿还可以从谈话内容中获得许多他们原来不具有的信息知识。例如，谈话活动"我们身边的新产品"，幼儿通过谈论自己所了解的身边的新产品，能够了解很多新型产品的名称、外形特征以及在生活中的用途。谈话活动"南京的雨花石"，能够使幼儿了解雨花石的形状、花纹以及象征意义等。谈话活动增加幼儿在科学、社会方面的知识积累，更重要的是，幼儿在此过程中逐步建立起一种意识，即通过交流学习自己原先没有的信息。幼儿间的相互谈话，可以增加他们获取信息的渠道，如孩子们讲动画片的情节时，如果哪个孩子没有看到这集片子，就可以从同伴的交谈中获得信息；如果没有去过的地方，通过同伴的介绍，也可以在头脑中形成有关于某个地方的初步认识。

5. 促进幼儿良好同伴关系的建立

近年来，在国内外教育界兴起同伴教学的潮流，认为幼儿更容易从同伴那儿得到各种信息和学习知识的方法，因此大力提倡同伴教学的方式。谈话活动注重同伴之间语言的交流，不但能够提高幼儿的交流水平，也加强了幼儿之间的互动，促进了同伴关系的发展，谈话活动是同伴教学的有利途径。

（三）谈话活动的特点

1. 谈话活动需要一个具体、有趣的主题

一般地说，谈话活动应该围绕一个具体、有趣、贴近幼儿生活经验的话题来进行，这就是谈话的主题。主题可以从客观上主导幼儿谈话的方向，限定幼儿交谈的范围，使幼儿的交谈带有一定的讨论性质。谈活活动的主题必须具有这样三个特点。

第一，主题应是幼儿的生活经验。幼儿要对主题具有一定的熟悉度，主题应是幼儿日常生活中熟悉的、喜闻乐见的内容，从而使之有话可讲。如"我喜爱的糖果""我最喜欢的人"这一类话题贴近幼儿的生活，幼儿往往比较感兴趣，可以根据自己经验来谈。完全陌生的话题不可能使幼儿产生谈话兴趣，如幼儿无法就"糖果原料加工"这一话题进行饶有兴趣的谈话。

第二，主题应具有一定的新鲜感。如大班谈话活动"恐龙乐园"，对幼儿具有一定的新鲜感和刺激性，从而能调动其参与谈话的积极性。曾经反复提起和谈论的话题不会引起幼儿强烈的关注。如"国庆节假日"的话题，幼儿在刚过完节的时候谈话，会有浓厚的兴趣；如果教师反复进行这样的谈话，或者在节后许多天仍提起这个话题，便不能引起幼儿的注意。

第三，主题应是幼儿生活中共同关心的内容。一定时间幼儿关心的主题有所不同，这些主题可以是近期的生活内容，幼儿生活中出现某些大家共同经历的事，或是电视台新近放映的一部动画片，能够使幼儿产生交流和分享的愿望，就可成为有趣的中心话题。如"非典"期间，大家都关心健康的问题、消毒的问题；近几年的夏天，大家又特别关注电力紧张的问题，因此可以组织幼儿谈论如何节约用电的主题。

2. 谈话活动要注重全方位的信息交流

一是谈话活动的语言信息量较大。幼儿围绕中心话题交谈时，思路相对开阔，呈放射状向外发散，其语言经验各自有差别，因此含载这些经验内容的语言形式也比较丰富。在谈话中，每个幼儿获取的信息量都比较大。

二是幼儿交流的对象范围也相对较大。幼儿有时在全班面前谈论个人见解，有时在小组里与几个幼儿交谈，也有时与邻座的幼儿或教师进行个别交谈。

三是谈话活动的语言交流方式较多。可包括教师与幼儿交谈、幼儿与教师交谈、幼儿与幼儿交谈。

3. 谈话活动要拥有一个轻松自由的氛围

谈话活动想要拥有宽松自由的气氛，就要做到话题的扩展和见解自由及语言自由。谈话活动不要求幼儿统一认识，允许幼儿根据个人感受发表见解，并针对谈话主题说自己想说的话，说自己独特的经验。如：在"我喜爱的服装"谈话活动中，幼儿可根据自己的经验感受，谈论自己穿的服装、自己最喜爱的服装，并说出一定的理由。有的幼儿喜欢花色，因为好看；有的喜欢运动服，因为穿着舒服。只要话题不离开"我喜爱的服装"，幼儿完全可以从多方面和多角度去谈论自己的感受和想法。这一点，也正是谈话活动的独特所在。由于其派生出的子话题非常丰富，因此教师可以抓住谈话活动的这一特征，启发幼儿积极思考，鼓励幼儿主动、积极地参与到谈话活动中去。

在日常生活中，人们交流时运用的口头语言的方式，就有简洁性、省略性等特点，因常在谈话过程中，我们不要求幼儿谈话的规范性，只要能以饱满的热情投入谈话的主题，积极的参与就是最成功的谈话。谈话活动重在给幼儿提供开口说话和与人交谈的机会，让其在交流中操练自己的语言，提高对语言的敏感程度，不断地发展幼儿的表达能力。因而教师应鼓励幼儿大胆地与他人交谈，而不要求幼儿一定要使用准确无误的句式、完整连贯的语言来表达。

4. 谈话活动中教师要间接引导

教师可以从多方面来起到间接引导的作用，如可以在活动室用摆设、幼儿的座位、手里拿的物品等方面帮助幼儿谈话。如采用师生坐成一圈的方式开展谈话，体现了教师平等参与的特点，从而创造了宽松的谈话气氛。

谈话活动中，教师的间接引导往往通过两种主要方式得以体现。一是用提问的方式引出话题或转换话题，引导幼儿谈话的思路，把握谈话活动的方式。二是教师用平行谈话的方式对幼儿做隐形示范。教师通过谈论自己的经验和感受，如自己喜欢的服装及喜欢的原因等，向幼儿暗示谈话时组织交流内容的方法。

（四）谈话活动的主要类型

根据《纲要》的精神，要发展幼儿的语用能力，幼儿园的谈话活动应该得到大力发展。因为活动可以直接发展幼儿的语言运用能力，可以促进幼儿语言的发展。幼儿园的谈话活动多种多样，概括起来一般有三种形式：一是日常生活中的谈话，二是有计划的谈话活动，三是开放性的讨论活动。

1.日常生活中的谈话

日常生活中的谈话是发展儿童口语的重要途径。语言存在于生活之中，幼儿也是在生活之中掌握和发展语言的。日常生活中的谈话带有极大的情境性和感情色彩，交谈的话题极其丰富，交谈的对象经常变化，交谈可以在任何情况下开始或结束，不受时间、空间、年龄、对象的限制，谈话的形式也多种多样，幼儿在其中的表现也非常的自由。这种谈话活动在三个年龄阶段的班级都适用，它主要有以下三种形式。

（1）日常个别谈话

在生活的各个环节，如早晨来园、晨间活动、盥洗、游戏、活动过渡的间隙、离园等时间内，教师都可以利用这些零散的时间与部分幼儿就某个话题进行交谈。但这种交谈并不是随意进行的，而是经过了一定的计划和准备的，教师要考虑好本次谈话要与哪些幼儿交谈，谈什么，在交谈中发展他们的哪些言语技能和态度，教师应该把这部分内容列入到一日活动计划中。例如，早晨来园时，教师计划与班上较内向、语言能力相对较弱的四名幼儿交谈，话题有两个：来园的路上都看到了什么或者是昨天我最高兴的事。通过与幼儿交谈，培养他们主动大胆地与人交往的能力，鼓励幼儿主动表达的积极性。交谈过程中，教师可以与一个或同时与四个幼儿交谈，幼儿可以随时参加或退出谈话。日常交谈中的个别交流，主要目的在于增强个别幼儿的自信心，调动幼儿参与活动的兴趣和积极性。

（2）日常生活小组交谈

幼儿园经常会有一些孩子对同一个话题感兴趣，在日常生活中他们可以自觉地组成一个小组来探讨这个问题。如有的幼儿对恐龙感兴趣，有的幼儿对服装和头部装饰品感兴趣等，我们经常可以看到幼儿园几个孩子在热烈地谈论一个话题的现象，这就是小组的交谈。在"以人为本"的世界幼儿教育大潮中，小组交谈更是值得推广的一个谈话方式。《纲要》中也明确地提出了"幼儿语言的学习具有个别化的特点，教师与幼儿的个别交流、幼儿之间的自由交谈等，对幼儿语言发展具有特殊意义"。

（3）日常生活集体交谈

与个别谈话和小组谈话相比，日常集体谈话的话题更自由，可以同时有多个话题。形式更活泼，可以是师生间的谈话，也可以是同伴间的谈话或是师生、同伴间的讨论等。这种谈话也遵循着"自由参加"的原则。如：在每日散步时，教师可以就园内的花草树木或其他的环境变化与幼儿进行交谈和讨论。教师可以问："滑梯旁新添的轮胎秋千可以怎么玩？你们猜一猜是谁把它搬到这儿来的？我们要怎样爱护轮胎秋千？"通过这样的日常集体谈话，教师既可以经常为幼儿提供机会锻炼他们的表达能力，又可以培养幼儿的观察力和注意力。

2. 有计划的谈话活动

这类活动是教师制定一定的计划和教育活动方案，依据事先确定的话题，有目地组织幼儿进行谈话。话题可由教师拟定，在大班也可以请幼儿参与拟定。例如，主要话题有：我喜欢的……（人物、动物、玩具、图书、衣服等）；我和周围的人（爸爸妈妈、爷爷奶奶、教师及同伴、朋友等）；我和节日（六一国际儿童节、国庆节、春节、三八妇女节等）；我参加的一些活动（春游、参观访问、旅游、探亲访友等）；周围环境的变化（花草树木、建筑物、道路、居住环境、季节、电脑、手机、家具、衣服等）。

由于谈话活动的话题大都需要事先进行精心设计和准备，因此在指导活动过程中，教师要特别注意谈话前给幼儿及家长进行生活经验的准备工作。教师要注意努力创设良好的语言环境，鼓励每个幼儿都能积极地发表自己的看法和见解，还要增加幼儿语言交往的密集度。活动过程中，教师不仅要让幼儿自己说，还要让他们积极地与同伴交谈，与教师交谈，在交谈中学习他人有用的经验，不断提高语言运用能力。由于有计划的谈话活动对幼儿的有意注意、有意记忆及言语能力的要求较高，因此不太适合小班初期的幼儿，可以从小班下学期开始进行。

3. 开放性的讨论活动

讨论活动是一种特殊的谈话活动形式，其特殊在于它的话题形式、语言交往和教师的指导都有其开放性的特点。

讨论活动的话题一般都是开放性的问题，同时讨论所涉及的事物应是与幼儿已有的生活经验相符合，但对幼儿来讲又有一定的难度。例如，讨论的话题"假如你是科学家，你最想做的事是什么"，这个话题可以让幼儿自由想象，随意发挥，没有固定的答案。

讨论活动是一种开放性的语言交往活动。在讨论中，幼儿可以就自己的观点去与他人进行充分的语言交往。幼儿既要清晰地向对方表达自己的看法，又要善于倾听他人的见解并进行分析、反驳或接纳，从而使语言交往延续下去。这种语言交流对象可以是一对一，也可以是在小组中进行的。因此，讨论活动对幼儿语言的运用能力、思维能力、参与的热情上都提出了很高的要求，一般建议在中班以后才适合开展这项活动。

开放性还体现在教师的指导态度上。与讨论的问题相对应，教师对幼儿提出的看法也应采取开放的态度。不从成人的角度去评判幼儿的某些看法合不合理，教师的指导重点应是幼儿的语言运用能力和交流的能力，对幼儿的富有想象力和创造力的想法采取接纳和鼓励的态度。例如，幼儿说："如果太阳是绿色的，那我们就不会很热了；如果人可以向天使借双翅膀，就可以像小鸟一样飞在高高的蓝天上了。"教师不但要接受这样的答案，而且还要在评议时给予积极的鼓励，引导其他幼儿能像这个孩子一样，勇于创新、富于想象，并大胆地在集体中表述出来。

（五）谈话活动的语言教育目标

谈话活动要着重培养幼儿口头语言的运用能力和与他人交往的意识。在谈话活动中，应为幼儿的语言行为发展变化提供下列机会。

1. 学习倾听他人的谈话，及时捕捉有效的语言信息

倾听是幼儿感知和理解言语的行为表现。幼儿学习与他人交谈的时候，倾听是一种不可缺少的行为能力。只有懂得倾听、乐于倾听且善于倾听，才能真正理解谈话的内容和中心，掌握与人交流的技巧，并且由此产生相应的个人交谈的见解和表达的内容。可以说，倾听是幼儿学会谈话的第一步。

通过有目的、有计划、有组织的谈话活动，教师可以逐步帮助幼儿建立起几种倾听技能。

第一，有意识地倾听。首先要注意听，在谈话活动中要求幼儿建立主动倾听别人谈话的愿望、态度和习惯，当别人说话时要集中注意力耐心地去听。其次是积极地感知、捕捉别人谈话的信息。

第二，辨析性地倾听。要求幼儿从倾听中分辨出不同的言语和声音，包括说话人声音的特点、声音所表现的情绪等。

第三，理解性地倾听。要求幼儿能够在倾听时迅速掌握别人所说的主要内容，把握一段话的关键信息，能够连接上下文意思，从而获得谈话的中心内容，以便作出反应，交流自己的见解。

上述几种倾听技能的培养，在设计谈话活动时应置于重要地位。

2. 学习围绕一定的话题谈话，表达自己的见解

首先，学会围绕中心话题谈话，避免"跑"题现象。比如谈论"我喜欢的玩具"或"有趣的糖果"，幼儿就必须在倾听他人谈话的基础上，围绕话题思考自己的想法，然后说出适合这一特定场合的话来。因此，在组织幼儿谈话活动时，有必要指导幼儿围绕中心话题表述个人见解。

其次，要求幼儿围绕中心话题不断扩展谈话内容，层层深入地表达见解。

如在谈论"我们家的电器"时，要求幼儿不但把家庭常用的电器说清楚，还要围绕电器，说说电器工作原理、将来的电器品种、功能等等，这样可以不断扩展幼儿的思维和想象能力。

3. 学会运用进行交谈的规则，提高语言交往水平

语言交流规则，是使语言交流友好进行和充分展开的必要因素，运用语言进行交谈的基本规则，是人们在社会交往过程中约定俗成的一些方式方法。违背这些谈话的基本原则，便有可能对人际交往造成不利影响，干扰谈话的正常进行。在不同的国家、民族和地区，由于文化和习俗的不同，谈话的基本规则也有差异。因此，幼儿园需要帮助幼儿学习通用于一般社会文化背景下与人交谈的最基本规则。

组织幼儿谈话活动中，应使幼儿学习以下的谈话规则。

第一，语言角色要适合。同一个幼儿会在谈话中有不同的角色，因而要用不同的方式来交流，包括使用不同的语音、语调，不同的音量，不同的组词造句等方法表达个人见解。

第二，交谈的方式最好要轮流。要求幼儿逐步学会耐心听别人把话讲完后再发表个人意见。两人交谈需要一一对应地轮流说话，多人交谈便要求按潜在顺序逐个说话。许多幼儿刚学习谈话时会抢着说、乱插嘴或光听不说。据此，教师应有意识地培养幼儿轮流交谈的习惯。

第三，延续谈话要用语言修补法。所谓语言修补法，就是在谈话中出现听错或理解错误时，为保证谈话信息传递的准确性，进行及时的修正补充。修补包括自我修补和他人修补。自我修补是指说话者在谈话时发现别人没有理解自己的意思，于是进行自我重复或自我确认，从而让别人明白自己的真

正意思。如谈话活动"有趣的饼干"中，幼儿讲自己要发明"饼干书"，发现别人理解模糊或可能认为"饼干书"是把饼干做成书的样子，于是重复说"饼干书"就是书看完后可以当成饼干来吃掉。他人修补则是谈话时如有不理解的情况，听话人用重复、提问等方式进一步了解信息。例如"我住的小区"中，一名幼儿说："我住的小区是花园"，幼儿就可以修补为"我家的小区像花园"。培养幼儿的这种意识和能力可以通过教师的示范、提问或引导，使幼儿学习延续谈话的修补方法，增强其有关这方面的敏感性。

二、谈话活动的设计与实施的基本思路

谈话活动设计与实施的基本思路由以下三个步骤组成。

（一）创设谈话情境，引出谈话话题

这是使谈话活动顺利进行的第一步，其目的在于引出话题，激发幼儿的兴趣。启发幼儿对话题有关经验的联想，打开谈话思路，作好谈话的准备。

谈话情境的创设，主要有以下三种方式。

1. 用实物直观教具创设谈话的情境

通过挂图、幻灯、活动角布置、墙饰布置、玩具、实物、录像等手段，向幼儿提供与话题有关的可视形象，启迪幼儿谈话兴趣与思路。如小班谈话活动"美丽的车"，教师在活动角挂上各种车的图片，让幼儿在观赏中激发说话与交谈的欲望。再如谈话活动"我喜欢的动物"，在开始时教师可以借一个小动物，如小狗、小猫等，引起幼儿谈话的话，也可以放一段《动物世界》的视频片段等。

2. 用语言创设谈话情境

教师通过自己说一段既有激情又有兴趣的话，提一些思考性的问题来唤起幼儿的思考和记忆，调动他们以往的生活经验，以便进入谈话。在设计组织"我喜欢的糖果"这一谈话活动时，教师也可以采用语言创设情境的办法，向幼儿提出问题："小朋友，你们一定都吃过糖果吧，你们吃过什么样的糖果呢？你们大家一定记得食品商店的糖果柜台，那里有多少糖果啊！每个人都会在那里找到自己喜欢吃的糖果……"。用语言来创设谈话情境，同样可以达到引出谈话话题的作用。再如中班讨论活动"怎样过马路"，教师自己先说一段简短的开场白，并提出一些简单的问题，如"过马路时要注意什么""为什么要走人行横道线"等，以帮助幼儿进入谈话情境，积极地进行思考。

3. 用游戏或表演的形式创设谈话的情境

通过开展一些游戏或表演活动，来提供一些与谈话内容有关的情境，以

激发幼儿表达的愿望。如中班谈话活动"发生在公共汽车上的事",教师先请几个大班小朋友分别扮演司机和乘客,进行情景表演。当他们表演到没有人给老奶奶让座时,教师提出这样的问题"如果你和爸爸妈妈也在公共汽车上,你会怎么做",运用这些形式创设谈话的情境,很容易调动幼儿的积极性和兴趣,引起他们对所谈内容的回忆,为下一步骤奠定良好的基础。

(二)围绕话题运用已有经验自由交谈

提出话题后,教师要向幼儿提供围绕话题自由交谈的机会,目的在于调动幼儿个人对谈话话题的已有经验,相互交流个人见解。如在"我喜欢的糖果"谈话活动中,教师让幼儿分成小组吃糖果,谈论糖果,使每个幼儿有充分谈话的机会。

教师在指导过程中要注意以下几点。

1. "一个围绕""两个自由"

放手让幼儿充分地自由讲述内心的真实感受,教师在指导中应尽量做到"一个围绕""两个自由"。所谓"一个围绕"是指教师指导幼儿围绕中心话题大胆地与同伴交流;所谓"两个自由"是指交谈的内容自由、交谈的对象自由,允许幼儿说任何与话题有关的想法。教师不做示范,不给幼儿提示,不纠正其说话用词造句的错误。总之,教师不必过多干涉幼儿交谈的内容,相反地要让他们充分运用已有的经验尽可能地说出自己想说的话。此外,幼儿交谈的对象也是自由的,可以两两交谈,也可以分组交谈,或与教师交谈。教师不要干涉幼儿转换交谈的对象,只要他们积极地参与到交谈中,就是达到了教学的要求。

2. 个性化

《纲要》中指出,"幼儿的语言学习具有个别化的特点,教师与幼儿的个别交流、幼儿之间的自由交流等,对幼儿语言发展具有特殊意义"。每一个人的语言都具有独特的个性特点,有的幼儿说话快,有的幼儿说话慢,有的幼儿爱提问,有的幼儿声音小,有的幼儿喜欢抬扛等等。教师要注意自由交谈中的个别差异,鼓励每位幼儿积极参与谈话,真正形成双向或多向的交流。自由交谈虽给幼儿提供了开口说话的大好机会,但有些语言能力较差的幼儿却恰恰在这个环节中得不到很好的锻炼,他们常常表现出光听不说。因此,教师在坚持"交谈对象自由选择"的原则时,要有意识地将语言能力较差和较强的幼儿安排在一起,让他们互相促进,互相作用。此外,教师还要重点倾听语言能力较弱的幼儿的谈话,提醒其他幼儿在说完自己的感受后,注意倾听这些幼儿的话语,经常给予他们充分的鼓励,以增加他们的自信心。采用一对一或三三两两自由结合的小组都非常有利于发挥每位幼儿的积极性，使他们有更多的机会交谈，也可保证谈话气氛更融洽。

在自由交谈的活动过程中，适当增加幼儿"动作"的机会。谈话是口头语言操作，也是动脑的操作。但根据幼儿活动的特点，在谈话活动中适当增加一些其他方式的操作活动因素，将更有利于调动幼儿的兴趣，增进他们说话的积极性。例如：在"我喜欢的糖果"活动中，教师在幼儿自由交谈这一步骤设计了让幼儿边吃糖果边谈论糖果的内容，这样的安排使幼儿的谈话更加有趣味。因此，在各种谈话活动中，均可根据话题内容，适当增加幼儿"动作"的机会。

当幼儿围绕话题进行自由交谈时，教师不能袖手旁观，不能将幼儿自由交谈视为一种"放羊"的时机，让幼儿随便谈话而自己去做与谈话无关的事情。在这个活动阶段，教师的职责和任务主要表现在三个方面。一是教师必须在场。当幼儿看到教师在场时，即使教师并未说话，幼儿也能够感觉到自己说的话的价值，增进说话的积极性。可以说，教师在场意味着活动的正常进展，能够对幼儿产生潜在的意义。二是教师参与谈话。教师可以采取轮番巡视的方式参与各组的谈话，到每一组都听一听幼儿的谈话，用微笑、点头、拍手等体态语言给幼儿以鼓励，也可用皱眉、凝视、抚肩等体态暗示那些未能很好进入谈话的幼儿。教师还可以简单发表个人见解，或是对幼儿说话给予一定应答，或用自己的语言对各组幼儿谈话作出反馈，这样能产生一定的积极影响。三是教师要观察幼儿谈话情况，了解他们运用原有谈话经验进行交谈的状态，了解幼儿谈话的水平差异，为下阶段活动的指导作进一步准备。

（三）围绕中心话题拓展谈话内容

在幼儿运用已有的知识经验充分地交谈后，教师要适时地将幼儿集中起来，以提问或启发的方式引导幼儿拓展谈话范围，帮助幼儿学习新的谈话技能和谈话规则，掌握正确的谈话思路和方法，从而使幼儿的谈话水平进一步提高。这一过程是谈话活动的重点内容和核心，但仍然需要注意几点。

1. 中心话题逐步展开

一般来说，中心话题是沿着这样的顺序拓展的：对话题对象的描述和基本态度——为什么会有这种态度——对话题对象的独特感受。如大班谈话活动"我喜爱的图书"，教师设计的中心话题拓展顺序是：幼儿从描述图书种类、对图书的基本态度，到谈论为什么会有这种态度，到最后谈论对图书的独特感受。用这样的方式设计话题的拓展可以帮助幼儿开拓思路或唤起更多的回忆和内心体验，在此基础上再帮助幼儿学习新的交谈经验。而对中大班幼儿来说，这种话题拓展模式也给他们提供了一种谈话的思路，这种宝贵思路的习得无论对他们有条理地讲述，还是今后的读、写都是非常有意义的。

2. 在原有谈话经验的基础上扩展经验范畴

例如培养幼儿倾听谈话的意识、情感和能力，在小中大班都应有不同的要求，落实到每一次活动中，应逐步加入新的倾听经验要求。

3. 每一谈话活动设计都要有新语言经验

这次谈话活动可重点帮助幼儿学习围绕中心话题谈话，下次可以是重点学习围绕中心话题深入拓展小话题，在之后的谈话活动中还可以是幼儿学习自己提出话题谈话等等。

4. 谈话技能、态度和规则的学习循序渐进

谈话技能、态度和规则是需要经过一定的阶段才能逐步培养起来的。教师在引导幼儿学习新的谈话经验时，不要有急于求成、立竿见影的思想。因此，如果教师在谈话活动中，把一种句式或几个词汇的学习与新的谈话经验学习等同起来，让幼儿机械地反复练习某一交往技能，甚至让幼儿将某些交往词语背诵下来，这种做法本身就违背了谈话活动话题不断拓展、活动氛围宽松自由的要求，哪怕在活动中幼儿"掌握"了许多交往词语或技能，但从实质上来讲它也是失败的。

（四）隐形示范新的谈话经验

以往的教师示范，就是教师通过语言讲述一段自己的经验，这样使儿童有所参照，谈话可以进行下去。有时是在儿童谈话进行不下去时，教师再次示范，这样的示范只能起到幼儿模仿的作用，可以说是机械的示范。在新《纲要》精神的指导下，我们认为教师的示范不能这样进行，而要通过逐层深入拓展谈话范围，教师向幼儿展示隐形示范谈话范例，帮助幼儿掌握新的谈话经验。教师不是用示范的方法说给幼儿听，而是用提问、平行谈话的方法，将新的谈话经验引入，让幼儿在谈话过程中不知不觉地沿着新的思路去做，潜移默化地应用新的谈话经验，最终学会这种新的谈话经验，使谈话水平进一步提高。如"我喜欢的图书"，教师可以谈一谈自己喜欢哪一本图书，喜欢的原因是什么？如"我喜欢这本《科学小常识》，因为它告诉我蝴蝶是怎样从小虫转变而来的，原来蝴蝶穿着美丽的外衣在花丛中传播花粉之前，是一只专吃植物叶子的害虫，我从这本书中学到了新知识。"

第二节　幼儿园的文学活动

一、文学活动概述

《纲要》中明确指出"引导幼儿接触优秀的儿童文学作品，使之感受语言的丰富和优美，并通过多种活动帮助幼儿加深对作品的体验和理解"。幼儿园文学活动，是以文学作品为基本教育内容而设计组织的语言教育活动类型。这类活动从一个具体的文学作品教学入手，围绕这个作品展开一系列相关的活动，帮助幼儿理解文学作品所展示的丰富而有趣的情节，体会语言艺术的美，为幼儿提供全面的语言学习机会。文学作品的教育是幼儿园语言教育的一个重要的方面，以文学作品为基础教材而进行的文学活动，也是幼儿园语言教育不可缺少的类型之一。

（一）文学活动的基本特征

1. 围绕文学作品开展一系列活动

幼儿园文学活动突出的特征之一，是从儿童文学作品入手，围绕作品教学开展活动。其主要目的不仅在于通过儿童文学作品进行知识教育和道德教育，而且更侧重于幼儿审美能力和文学理解能力、想象力方面的培养。因此，文学教育活动是一个包含理解美、欣赏美、表现美以及表达自己对文学作品的理解和想象的多层次活动，仅仅通过一次活动就完成一个文学作品的学习，那只能说是没有从实质上理解文学作品的特点，将文学作品教育与普通的语言教育、知识和道德教育混为一谈。例如，在大班散文教学《秋天》中，我们可以设计这样的系列活动。

活动一：感知并理解作品的主要内容，了解季节特征及文学语言的特色。

活动二：以折纸、粘贴绘画等多种形式表现秋天的美丽景象，并在表现美的同时理解并学习作品中的文学语言。

活动三：改编或仿编散文《秋天》，加深幼儿对作品的理解。

通过这一系列活动，幼儿真正感受到了作品所描述的秋天的美丽意境，理解了作品中文学语言的特色，这种层层深入的活动设计才真正体现出文学作品的教育功能，达到文学教育的目的。

2. 整合相关学科的学习内容

幼儿园的文学活动从文学作品教学出发，常常整合与其相关的其他学科的学习内容，使得幼儿有更多的机会认识某一个文学作品中表现的社会生活内容，促进他们对作品的感知、理解。

幼儿因其特殊的心理特点，即具体形象性思维占优势，有意注意和有意记忆的时间较短，语言表达水平较低，因此幼儿文学作品一般使用幼儿较熟悉的形象和生活经验。因为幼儿文学教育活动是从文学作品教学出发，幼儿生活经验和知识经验有限，所以在开展文学教育活动时，经常要整合与其相关的其他学科内容形成系列的活动，使得幼儿有更多的机会认识某一个文学作品中表现的社会生活内容，促进他们对文学作品的感知。如故事《小熊开商店》中就涉及以下一些内容：小熊开了一个鞋店，但这个鞋店却经常关门，原来小熊的鞋店中总是缺乏顾客需要的鞋。大象要大鞋，老鼠要小鞋，小兔子穿四只鞋，蜘蛛穿八只鞋，而蜈蚣穿十六只鞋。在这里，小兔子、蜘蛛、蜈蚣为什么会穿不同数量的鞋呢？这个知识点如果不解决，势必会影响幼儿对作品的理解，因此在此次活动中，要利用图片、幻灯等形式穿插进行科学教育，只有这样才能保证幼儿全面、细致地理解作品的内容和作品的巧妙之处。

3. 提供多种与文学作品相互作用的途径

儿童发展教育是儿童与外界环境交互作用而建构起来的，并且需要通过自身的操作活动与外界环境产生交互作用。幼儿语言的发展也同样如此，因此幼儿文学教育活动，应当着重引导幼儿积极地与文学作品产生交互作用，在这一过程中，通过多种操作途径让幼儿得到发展。用活动的形式来组织幼儿文学作品教学过程，使幼儿在动手、动嘴、动脑、动眼、动耳等多种途径的学习中获得亲身体验，即调动幼儿的视觉、听觉、触摸觉等多种感官参与到活动中，从而对文学作品产生更深刻、更全面地理解与感受。以《金色的房子》为例，幼儿不仅听故事看图画，还表演了人物角色，体会故事中人物情感变化，再想一想、画一画"我的房子"，说一说："如果我有一座金色的房子"，这样幼儿获得多种与文学知识相关的交互作用的机会，也获得多种操作语言及非语言信息的经验。

4. 扩大幼儿自主活动的范围

在文学教育活动中，幼儿往往有较大的活动自主性，他们在教师的引导下，能比较自由地进行讨论、操作表演、编构等，在亲自操作实践、探索和想象创造中，有机地将个人的直接经验和文学作品提供的间接经验结合起来，达到对文学作品的语言有着准确、深刻的理解和感知。

（二）文学活动的语言教育目标

文学作品因其本身含载了丰富的信息，使得它们对幼儿成长具有多方面的促进作用。幼儿园文学活动对幼儿语言学习的目标要求主要包括以下几个方面。

1.展示成熟的语言，学习和积累文学语言

故事、诗歌、散文等儿童语言文学作品，为儿童语言的丰富性与个性化提供了成熟的语言样本，这些样本可以让幼儿模仿、记忆并创造性地运用到生活的其他场合里去。通过倾听各种优美的语句、形象化的语言、不同风格特色的语言，提高了幼儿对语言多样性的认识，进而提高了幼儿对多样化语言的适应力、理解能力和运用能力。

2.扩展幼儿的词汇量

词汇，是幼儿语言的内容，也是幼儿语言的材料。幼儿的语言文学，是由各种词汇组合起来的语言艺术作品，学习文学作品，是扩展幼儿词汇，帮助幼儿掌握语言内容的重要途径。可以在上下文中理解和学习新词；也可以通过专门介绍概念的书籍来学习归类的词汇；还可以在文学活动中掌握和运用新词。如形容人表情的词"气愤""恼火""快乐""不快乐"等，在幼儿表演故事时就可以让幼儿用动作和表情表现出来。

3.培养幼儿倾听的习惯和技能

学习做一个乐于倾听并善于倾听的人是幼儿运用语言进行交往的重要方面。语言文学作品的教学，是与幼儿的"听"紧密联系在一起的，它给幼儿提供了有意识倾听、评析性倾听、欣赏性倾听的机会，并能在实践中培养倾听技能。

4.培养艺术想象力和创造性地运用语言的能力

语言文学作品在帮助幼儿创造性地运用语言方面起的作用表现在：①激励幼儿玩语言游戏。这里的语言游戏，是指从玩弄语言、语词、语句中得到乐趣的活动。如"滑稽歌"会让幼儿饶有兴趣地诵读不止。幼儿创造性地运用语言，正是从积极地投入语言游戏开始的。②帮助幼儿在不同的语境中创造性地运用语言。在童话故事中，羊与狼的对话表现出的是善良的人与凶恶的敌人之间的语言关系；三只蝴蝶与三朵花的交谈，则是忠诚的朋友们与自私自利的人之间的语言交往；而三只熊与小姑娘的故事，则反映了友好理解的语言交往情境。当幼儿学习这些文学作品时，他们理解了不同的语境，也逐步掌握了在不同语境中运用适当语言的能力。③提高幼儿的语言结构敏感性。幼儿对语言结构的敏感性是在逐步地熟悉、理解文学作品的过程中发展起来的。教师在教学中是否引导幼儿去注意感受文学作品的语言形式，是提高幼儿这种敏感性的关键因素。幼儿对语言结构敏感性的增强，为其创造性地运用语言，并且在未来的写作中获得成功奠定了基础。

儿童文学为幼儿的艺术想象力提供了丰富的材料，一个善于倾听文学作品的孩子，就是一个富有想象力的孩子。有人做过实验，让听文学作品和看同样文学作品改编的动画片后，让儿童想象作品中的人物和情节，结果只听文学作品的孩子的想象力要比看动画片的儿童具有丰富的想象力。这一点可以充分的说明，文学作品对培养幼儿的艺术想象力和艺术创造力具有独特的作用。因此，幼儿园开展的文学活动是一个终身受益的活动。

（三）儿童文学作品的选择

作品选得好，教育目标的实施就有了保证。幼儿文学作品是教育目标的载体，又是活动的依据。选择作品内容既要考虑到作品的教育功能，又要考虑到幼儿的欣赏趣味和欣赏能力。可用于幼儿文学教育的作品题材主要有生活故事、童话、寓言、民间传说、儿歌、儿童诗、抒情散文以及童话剧等。无论哪种体裁，都要选择适合幼儿年龄特点的作品，并为幼儿所喜爱。

1. 形象鲜明生动

幼儿文学作品所塑造的形象要活灵活现，不论主人公是小朋友还是小动物，都要抓住其外部特征，写出其神态和动作。如儿歌《小白兔》："小白兔白又白，两只耳朵竖起来。爱吃萝卜爱吃菜，蹦蹦跳跳真可爱！"前两句主要写了小白兔的神态和外部特征，后两句重点描述了小白兔的动态和习性。这些生动形象的描写增加了作品的艺术感染和表现力，也深受幼儿的喜爱，提高了学习兴趣。

2. 结构简单，情节单纯而有趣

由于幼儿对事物相互关系的理解往往比较简单，且停留于表面，因此给幼儿讲的故事情节不要太复杂。通常一部作品主要讲一件事，而且这件事所涉及的人物不要太多，人物关系也不要太复杂。在结构方面，幼儿文学作品多采用"开门见山"的方式，如《狼和小羊》一开头就写双方的冲突："一只小羊在河边喝水，一只狼走过来说："这河里的水是我的，你为什么喝我的水？"这样一下子就把幼儿吸引到故事的情节中去了。

3. 语言浅显易懂、具体、生动

幼儿理解词义的发展特点是不能准确地理解抽象水平很高的词汇，只能比较容易理解一些反映事物具体特征的词汇。如，幼儿能理解"山路高低不平"但不一定理解"山路崎岖不平"；能理解"心里难过"，不一定能理解"心情不好"。因此，教师在为幼儿选择文学作品时，一定要对作品的用词进行分析。如果发现作品中有对幼儿来说显得过深、过难的词语，教师可以在不影响作品意思的前提下稍加改动，换用幼儿能理解的词汇讲给幼儿听。另外

句子要尽量口语化，多用简单句、主动句、短句，少用复杂句、被动句或长句。如"这一切被躲在树上的小猴尽收眼底"就不如"猴子躲在树上，把什么都看见了"更容易被小班幼儿所理解，当然前者可能更易被中大班幼儿所接受。有时语言的多样性表述方式，也是幼儿所喜爱的。他们往往为了学习不同的表述方式而自觉模仿作品中的文学语言和人物对话中的成熟语言，从而获得不同样式和不同风格的语言。

4. 题材以幼儿熟悉的生活为主

艺术和文学语言的启蒙教育以及审美情趣的萌发，在确定作品内容时还应注意以下几点。

首先，应为幼儿选择多种题材的作品，让沉淀在文学作品中大量的间接经验与幼儿发生相互作用。如含有哲学启蒙知识的《小马过河》，主要说明要亲自实践调查研究，具体事情具体分析；又如《谁的本领大》，主要说明每个人的优势都是相对的，各有各的长处。幼儿文学作品的主题和主要情节应取材于幼儿所熟悉的事物，如小朋友（小动物）之间的交往和游戏，发生在日常生活中的逸闻趣事、四季景色的变化、周围环境的特点等。

以上是作品内容选择总体上的笼统要求。为了更好地让幼儿在文学教育活动中，得到一定的语言发展和智力启蒙、正确的思维方式以及良好品德行为习惯的培养，有时还可以选择一些经典或传统的文学作品，如《刻舟求剑》《守株待兔》都表明了不能适应已经变化了的情况而改变自己的行为，是一种可笑的愚蠢和思维的僵化。这些作品虽然不是专门为幼儿所写，但幼儿能够理解。还有代表人类的智慧和勇气、诚实等美德的文学作品，如《手捧空花盆的孩子》《曹冲称象》也都充满着人生的哲理。还有一些反映自然规律和科学幻想的作品，如《葫芦娃》《七色花》以及科学家对科学事业不懈追求的作品，都在启迪着幼儿的智慧。

其次，从审美教育角度考虑，应选择各种体裁作品。儿童诗及儿童歌，情感洋溢、想象丰富、语言含蓄而凝练，并集中体现了文学语言形式美的特征，如节奏感、韵律感、音乐性、形象性、对称、均衡或错落有致的整体结构。故事有引人入胜的情节，有拟人、夸张、象征的表现手法所创造出个性化的人物形象，有人物活动性特定时空环境，有重复变化、多样统一、均衡、完美的整体结构，它的思想情感和故事情节能引起幼儿的情感共鸣。故事的语言浅显易懂，想象丰富奇特，内容应有尽有，可以满足幼儿多方面的精神需要。散文以优美抒情为其主要特征，常采用比喻、象征、拟人等手法，用精美的语言、动态的描述，展现一幅幅富有色彩和流动感的画面，使幼儿感受到生命的运动魅力。散文能使幼儿在感受意境美、情感美的同时，提高对自然美、社会美的敏感性。还有古诗、古代寓言及神话故事等，只要是幼儿能够理解的都可以提供给幼儿学习。

再次，适当选择名人名著，使经典进入幼儿园。这类作品一般都是美的形式和真、善、美的内容高度统一的典范，经过多少年代、多少国度的传播，仍然光彩照人。欣赏一篇幼儿所能感受、理解的名著，其作用不是一般的故事、儿歌所能比拟的。我们可以为幼儿选择一些他们能够欣赏的名篇，如丹麦作家安徒生的《卖火柴的小女孩》《海的女儿》《丑小鸭》等，德国作家格林兄弟的《白雪公主》，我国作家方惠珍、盛璐德的《小蝌蚪找妈妈》、金近的《小猫钓鱼》，俄国作家普希金的《渔夫和金鱼的故事》等。

二、文学教育活动设计与实施的基本层次

幼儿文学教育活动的目的是引导幼儿积极主动地学习语言文学作品，感知语言文学作品，并能培养创造性地运用所学语言的能力。教师要能贯彻文学教育的基本理念，组织好教育过程，就需要具有某种规范性的活动结构，把握好以下几个层次。

（一）学习文学作品内容

将文学作品传授给幼儿，这是文学教育活动首要的环节。但是作品内容以何种形式传递给幼儿，这是教师必须予以充分考虑的问题。教师根据作品的难易度、本班幼儿的实际水平以及活动环境材料利用的便利与否而采取不同的形式来组织教学。有的采用比较直观形象的图片、幻灯、录像、多媒体等视觉教育手段；有的采用录音、教师讲述或教具、玩具等辅助教育手段呈现作品内容；有的观看情景表演或哑剧等来接近学习内容。如果作品内容比较浅显易懂，幼儿有直接的生活经验，则可直接呈现在幼儿面前，教师直接朗读，可以减少许多繁琐的程序。

在这一环节中，教师要将学习的重点放在幼儿的理解上。首先，教师要注意在第一次接触作品时不要过多地重复讲述作品，以免降低幼儿对文学作品的兴趣，故事类作品应以两遍以下为宜。其次，不要强调让幼儿机械记忆文学作品内容，而应将幼儿注意的焦点更多地投向对作品的理解和思考上。最后，用提问的方式组织幼儿讨论，帮助他们理解作品的情节、人物形象和主题思想，尤其是要注意引导幼儿用已有的个人经验或假设性的问题进行深入思考和想象。

（二）理解、体验作品的经验

在学习作品内容的基础上，教师还有必要进一步引导幼儿去理解作品、

体验作品，尤其是让幼儿通过亲身感受去体验作品中所展示的人物情感历程和心理世界。教师可以围绕作品内容设计和组织几个相关的活动，如观察走访、观看图片、动画片、情景表演，组织认识自然和社会的活动，采用绘画、纸工等艺术创作手法，引导幼儿讨论、表达和表现文学作品内容。不管采取何种方式都必须紧紧围绕着作品内容引导幼儿理解与思考。

（三）迁移作品经验

在帮助幼儿深入理解作品的基础上，教师还可以进一步引导幼儿迁移作品的经验。因为文学作品向幼儿展示的是建立在幼儿生活经验基础上的间接经验。这种间接经验让幼儿感到既熟悉又新奇有趣。但是，仅仅让幼儿的学习停留在理解这些间接经验的基础上还是不够的，还不能充分地将这些间接经验与幼儿的直接经验联系起来。因此，需要进一步组织与作品重点内容有关的操作、游戏、角色扮演等活动，向幼儿提供一个将文学作品经验迁移到生活中与幼儿生活经验和体验有机结合的机会。这样既可以使幼儿进步加深对作品的理解和体验，又可以扩展幼儿的生活经验。如在诗歌《春风妈妈》的教育活动中，幼儿学习了"春风妈妈亲亲树，树儿换上绿衣服；春风妈妈亲亲花，花儿开出一朵朵；春风妈妈亲亲小河，小河笑开小酒窝；春风妈妈亲亲我，我天天长大真快乐"。这一作品内容，教师可以引导幼儿用诗歌中"春风妈妈"的眼睛去观察周围环境，在春风的吹拂下，自然界和社会生活中的变化用口头描述或绘画的方式来迁移作品的经验，幼儿会说出或画出花草树木以及动物、人们在春天里的许多活动内容。加深了幼儿对作品的理解，为一下步扩展想象和语言表述打下基础。

（四）创造性想象和语言表述

教师可进一步创设条件，让幼儿扩展自己的想象，并创造性地运用语言去表达自己的认识与想象。创造性想象和语言表述仍然立足于原有已学的文学作品内容的基础上进行，在这一层次活动中，教师可以让幼儿学习续编故事，也可以让幼儿仿编诗歌，还可以让幼儿围绕文学作品内容展开想象讲述活动。通过这样的创造性学习活动，幼儿尝试对语言材料进行想象和创造，培养幼儿对语言艺术的敏感性，增长幼儿的艺术思维能力和创造能力。主要可以从以下三个方面着手培养。

1.指导幼儿艺术地再现文学作品

再现文学作品的方式有多种：复述、朗诵、表演、用音乐或美术手段再现其思想内涵和情感氛围等。其中，前三种再现方式与语言运用关系比较大，也是幼儿文学教育经常采用的活动方式。无论复述、朗诵或者表演，教师都需要指导幼儿在准备理解作品的基础上，借用作品的一些原词原句，加上自己的解释以及辅助性的情感表达手段，如表情、声调变化等，将原来作品中吸收来的词汇和句式加以分析和选择，根据朗诵或表演的需要进行一番"加工"。多次经历这些活动可以使幼儿逐渐把原作品的词汇和句式化为己有，从而提高运用语词进行口语表达的能力。

2. 指导幼儿学习仿编文学作品

同再现相比，文学作品的仿编活动对幼儿创造性地运用语言提出了挑战。实际上，幼儿仿编文学作品的过程也是一个再造或仿造的过程。幼儿先感知理解作品中一句话或一段话的结构特点，然后凭借想象构思出新的内容，再借用原作品的结构，通过换一个词或换几个词，甚至换几个句子的方式完成仿编活动。例如，小班儿歌《叫声》原文是："我爱我的小鸭，小鸭怎样叫？呷呷呷，呷呷呷，小鸭这样叫。"幼儿换了一些词后，仿编成"我爱我的小鸡，小鸡怎样叫？叽叽叽，叽叽叽，小鸡这样叫。"或者是把"小鸭"换成"小狗""小猫"等其他动物，叫声则相应换成"汪汪汪""喵喵喵"。通过文学作品仿编活动，教师可以引导幼儿理解语言结构形式与语言内容的关系，即不同的思想内容可以通过同一种语言结构表达出来。同时，教师还可以鼓励幼儿大胆想象，创造性地进行词语的搭配组合，表达丰富多彩的思想内容。幼儿也从自己仿编的作品里体验到成功所带来的快乐，提高自信心，在练习用词造句、练句成段等组织语言能力提高的同时，也大大增强了语言学习的兴趣。

3. 指导幼儿创编文学作品

在大量感知文学作品以及仿编文学作品的基础上，教师可以鼓励幼儿进行文学创编活动。最初的文学创编活动往往需要图画及教师语言的帮助。如幼儿编构故事活动，教师可以请幼儿根据故事开头所提供的线索，展开丰富的想象继续编构故事，从而编出一定的故事情节。在指导幼儿创编文学作品时，教师可以让幼儿编出一句或一个段落，也可以视幼儿的能力鼓励他们编出完整的文学作品。

三、幼儿文学教育活动的设计与实施

幼儿文学教育活动主要包括文学欣赏和文学创造两种形式。

（一）文学欣赏活动的设计与实施

文学欣赏是一种能动的反映活动，是对作品再现的生活及作家在作品中表现的审美认识进行再创造和再评价的过程。研究表明学前期儿童已具有学习欣赏的基础，成人可以通过欣赏教育帮助幼儿逐渐学习品味作品的形式和寓意，文学欣赏是通过幼儿想象将作品的语言材料转换成他们头脑中的视觉的、听觉的表象（画面）的过程。这一活动设计与实施的步骤如下。

1. 文学欣赏作品的传递

文学欣赏作品的传递是文学欣赏活动展开的第一步，选用何种方式将作品呈现在孩子们面前，这关系到能否调动幼儿学习兴趣的问题，主要有以下几种传递形式。

（1）成人口述作品内容

有些文学作品内容浅显易懂或是幼儿有一定的相关生活经验，教师则可以直接口述，无须画蛇添足地运用教具等辅助教学材料。如大班儿歌《小雨点儿，慢慢下》内容为：小雨点儿，慢慢下，妈妈下班快回家，淋到我不要紧，可别淋湿我妈妈。儿歌里对妈妈的深情厚谊与母子情深渗透在字里行间，孩子对妈妈的关爱溢于言表，每个幼儿对此都有体验，像这一类的作品完全可以直接传递。

（2）利用图书或图片

有些文学作品的内容知识性强，幼儿在某一经验上比较欠缺，对作品内容在理解上具有一定的障碍，教师必须为孩子提供一些直观材料，增强孩子的感性认识，以帮助幼儿更好地把握和理解内容。

（3）录音、录像和情景表演

可以通过视、听文学作品在幼儿的头脑中形成知觉表象，由文学作品的具体形象唤起幼儿的情感体验和情感反映。

无论哪一种形式，为引起幼儿的共鸣与兴趣，教师的描述要抑扬顿挫、栩栩如生，绘画要画得活灵活现，呼之欲出，才能很快抓住幼儿的注意从而进入心理加工状态。

2. 多通道地相互作用

成人在欣赏文学作品时，脑子里虽然很"热闹"，外表却显得比较平静。学前儿童的动作尚未完全内化，还做不到仅凭倾听语言符号对文学作品进行静态的艺术再加工，使大脑"热闹"起来，这在4岁之前尤其如此。所以，在给幼儿欣赏作品时，成人必须借助一些手段，适应幼儿的视觉、听觉、动觉，同时与作品发生作用，对作品进行动态加工，在动中求思、育情。主要方法有以下几点。

（1）作品欣赏与活动教具或动作参与相结合

例如，组织小班幼儿欣赏儿歌《我要自己走》，儿歌内容为：妈妈，你快撒手，我要自己走，你看小燕儿能飞，小兔儿能跳，小鱼儿能游……我为什么不能自己走？妈妈，妈妈，你快撒手。这是一首与幼儿的情绪、经验非常贴近的小诗。短短的篇幅，融入了幼儿要求"自立"的呼唤，无论是依赖性强的幼儿，还是自主性强的幼儿都会产生强烈的情感共鸣。这样一个好作品，当我们采用固定的画面进行欣赏、示范朗诵、提问、学习朗诵时，却基本上是被动的语言模仿，缺乏生气。然而，当我们在另一个班上改成活动的拉线教具（在底图上，拉上线条，幼儿被妈妈抱着的形象化教具是活动的，可以取下来，独自放在妈妈的前方，燕、兔、狗、鱼的教具都是贴片的），情况就大不一样了。教师在朗诵时，说到谁，谁的图像就贴到背景上，幼儿情绪一下子就被调动起来了，他们情不自禁地跟着教师念诗歌，接着大家又兴致勃勃地学燕飞，学兔跳，学狗跑，学鱼游。在学习作品的基础上，教师又在背景图上贴小猫、小熊等儿童熟悉的小动物形象，并提问有谁也会自己走？幼儿毫不费劲地为诗歌进行了形象的扩充并进行仿编活动。

（2）作品欣赏与音乐活动结合

经常利用音乐为背景，或者文学作品作为音乐背景出现，从无意识进入意识区，如散文《月亮书》，在幼儿欣赏《渔光曲》的音乐声中散文以"旁白"插入，声音由轻至响、由远及近，从背景中走出来，与音乐换位，把幼儿带进诗情画意的境地。在其他文学与音乐配合的活动中，如我国著名作家冰波的童话《梨子小提琴》，教师讲故事与小提琴音乐声轮流出现；在《雪孩子》的故事欣赏中唱歌与讲故事交替出现等。

（3）作品欣赏与游戏结合

这种结合可以把幼儿尽快带入故事情境，如《小猪奴尼》的欣赏，教师一开始就把自己当作猪妈妈，把小朋友当作小猪，故事中的对话由教师和幼儿分别担任，幼儿即使初次听故事，也会配合默契。又如欣赏故事《耳朵上的绿星星》，每个孩子都成为小松鼠，与花儿、小草对话，学习语气、语调，体会故事中的人物形象。

（4）作品欣赏与歌舞结合

如欣赏儿歌《云》，幼儿在音乐声中身披薄纱学云跳舞，边跳边听："云儿云儿真美丽，我把云儿摘下地，云儿云儿真听话，我把云儿变小鸡。"当教师念到"摘"时，幼儿伸手向上举摘云动作，"云"摘下后，就蹲在地上用粉笔画云，每个孩子都可以画出不同的形象，为儿歌续编不同的句子，如"我把云儿变小山""我把云儿变飞机"。

上述方法都有效地帮助幼儿走进作品，与作品形象交融，产生整体形象及体验。随着年龄的增长，幼儿动作将逐渐内化，心灵操作应逐渐增加，直至学会静听、静思的习惯。

3.通过形象性地解释帮助幼儿理解作品内容

幼儿作品，一般都会突出人、境、物的形象，并不需要作过多的语言解释。但是在大班，成人可以利用形象的语言，解释一些难度较大的作品，通过解释，帮助幼儿产生作品形象。词的解释，比其他形象的解释有更大的模糊性，有助于发展幼儿的想象，形成作品的审美意象。同时，对文学语言的凝炼、含蓄、拟人、隐喻、象征等表现手法有更多的感受，有助于幼儿与文学词语建立审美的关系。如唐代孟浩然的古诗《春晓》（原文：春眠不觉晓，处处闻啼鸟，夜来风雨声，花落知多少。），教师可以这样解释：春夜我睡得多么香甜，不知不觉已到了天明。是鸟儿婉转的啼鸣，把我从睡梦中唤醒。猛想起昨夜的风声雨声，有多少花瓣儿已经凋零。前两句写景，后两句抒情，景情交融，脍炙人口，作者热爱大好春光，热爱大自然之情，无不浓浓地融会在诗歌的字里行间。如果能在欣赏古诗前，观察与欣赏春天里的鸟语花香、春雨绵绵的景象，那么在幼儿欣赏时，随着教师的朗诵和解释，在幼儿的头脑中就会浮现出作品的画面。

4.采用开放性的提问方式

开放性的提问是指答案不确定的提问。在幼儿语言教育活动中，教师的提问方式有多种。

（1）针对幼儿记忆系统的提问

这种类型的提问往往答案是确定的，也就是说是显而易见的。如故事或者诗歌叫什么名字？作品里面都有谁？谁对谁说了什么等等。一般来说，针对理解、想象和情感提问，答案就会渗透到幼儿的理解、记忆、情感体验和想象创造的成分。如听完故事或诗歌后，让幼儿谈谈听到了什么？成人要及时了解到幼儿能记得和懂得什么？忘记了什么？新增加了什么？这些都是进行进一步提问或欣赏的依据。幼儿故事中，只交代人物的所作所为，而对人物的心理描述较少提及，教师就人物的心理动态进行提问，如谁是怎么想的？说了什么？让幼儿凭借自己的经验，猜测作品内容，填补作品空白。教师可从中了解不同幼儿的思维想象能力和语言运用能力。

（2）针对细节的提问

这种类型的提问，幼儿必须复述细节，这往往能激发幼儿的情绪，因为细节描述既可以讲，也可以作出表情或动作。如在《猴子学样》中，先问：小猴子为什么要把老爷爷的草帽拿走？他们是怎样拿走老爷爷的草帽的？再请幼儿把猴子学老爷爷的动作进行表演。通过讲和演，突出了猴子的淘气和老爷爷的机智。教师也可以在幼儿回答得较为笼统时，用提问启发幼儿把问题展开。如在《白色的蛋》中幼儿讲："小云看到从蛋壳里钻出来的是一只乌龟，很生气。"教师可以问："乌龟是怎么从蛋壳里钻出来的？你是从什么地方感觉到小云是在生气的？你从哪儿看到小云后悔了？"让幼儿更形象地感受乌龟对新生活的好奇、向往，小云由原来的渴望、期待、失望、伤心直到发火，然后向后悔、难过、内疚的情绪过渡。这些细节，可以从小让幼儿感受到人类情感世界细腻复杂、丰富多变的内容。我们此处所需要的是一种细致微妙形象的描绘和感受，在此基础上自然达到某些情感的概括以及词的意义和表达。

（3）针对情感识别与匹配的提问

让幼儿对文学作品中某一角色的情感与幼儿生活中自己的情感体验，以及作品中的其他人物的情感进行识别和相应的匹配。如"什么时候谁也会这么高兴或难过？你在什么时候也会这么高兴或难过？"

（4）针对作品的主题或情节的提问

喜欢故事里的谁？喜欢他什么？为什么？在小班只要求用操作的经验或自我中心的回答，中、大班可要求情境或非情境的，比较客观的、具有社会意义的回答。

（5）对作品中艺术语言的提问

文学语言的学习是文学欣赏活动重要的活动目标之一。教师在活动中，应请幼儿把作品中自己喜欢的词找出来，在小班或中班初期，一般由教师示范为主，如：蹦蹦跳跳、安安静静、乌云密布、汗流浃背等这些词好听吗？引起幼儿对文学语言的敏感性和浓厚的兴趣。中班后期则可以让幼儿自己寻找作品中成熟的语言，并讲一讲好听的原因。

（6）对作品的整体结构形式的提问

一般应从中班后期或大班开始，可以把用来作为对照的两首儿歌写在黑板上，边指着字，边念给幼儿听，听完后，大家来讨论，每一句话有几个字？是否每句话都一样长？两首儿歌的韵脚有什么不一样？哪一首听起来更好听？有什么感觉？你更喜欢哪一种排列？还是两首都喜欢？

（7）针对生活原型与作品形象比较性的提问

从中班后期开始进行，如故事《城里来的恐龙》里的小熊与动物园里的小熊有什么不一样？故事里恐龙讲述的城市和我们生活的城市有什么区别？

上述提问包括了引导幼儿的感知、理解、想象、情感等心理因素与作品展开全方位的相互作用，但不是说所有作品都需要这样做。教师可以针对目标、作品、班级、整体教育的需要灵活设计，如果重点在情感教育，可以在情感方面加宽、加深。

（二）文学创造活动的设计与实施

将幼儿对文学形象的再创造，也就是自外向内的文学再加工过程中的表达活动和自内向外的文学制作实践，都归并为文学再创造活动。幼儿文学创造活动主要形式和设计与实施的方法如下。

1. 复述和朗诵

复述和朗诵是建立在感受体验基础上的艺术形象创造的活动，是欣赏过程在大脑中产生的作品意象表达或表现。故事复述有全文复述或细节复述两种形式。用于全文复述的作品大致需具备下列特征：篇幅不长，结构比较工整，语言和情节有适当反复，词语优美爽朗，通俗易懂，形象富有童趣。有些作品难度较大、篇幅较长，但文中的有些描述或人物对话特别精彩动人，可让幼儿在欣赏的基础上学习某一段或某几段并进行复述。儿歌或儿童诗的篇幅都特别短，而且整体形象感特别强，幼儿基本上都可学会并全文朗诵，一般情况下，不作部分朗诵的要求。

出声的复述和朗诵，一方面是幼儿对作品语言的语音、语调、音量、语气、韵律、节奏的玩味；另一方面，玩味必须受语义的控制。出声操练语言的过程，是寻找特定音响与文学内涵相契合的过程。由于经常性的欣赏和朗诵讲述练习，会使幼儿对各语言层次如语音、语感、语义、语法、修辞以及各语言单位如词、词组、句和篇章结构等所具有的特征产生较强的直觉敏感性。与具体作品结合时，就能自发地进行声韵的自我调整，找到自己喜欢的感觉。所以，有美感的复述和朗诵是绝对不可缺少的，而不是背书式的机械重复。

教师可以用多种方法帮助幼儿学习怎样复述，具体方法如下：

①有变化地反复欣赏同一个作品。如教师可以直接朗读，可以听录音、看视频等。

②参与和作品有关的系列活动，如绘画、手工制作、参观歌舞、劳动等。

③积累不同语境中的表达经验。教师可以帮助幼儿找到声音特征与情感的关系，如提醒幼儿仔细倾听同伴的话语，猜测同伴此刻的心情，也可以问说话者本人刚才说话时是否高兴；教师还可帮助幼儿找到声音与场合的关系，如上课发言时声音要响亮，个别交谈时应轻轻讲话。实践表明，通过开展"说悄悄话""我和星星打电话"等语言游戏活动，能有效地培养幼儿对语言的控制能力。幼儿年龄越小，游戏的方法越有效。

④教师的语言榜样。教师抑扬顿挫、声情并茂的朗诵和讲述，既带给孩子语言美的享受，又激发他们模仿的愿望。

⑤在音乐伴奏声中学习朗诵。幼儿朗诵时声音能在不知不觉中受到音乐的调节而富有韵律感和节奏感，只要告诉幼儿像唱歌那样朗诵，韵味就出来了。

⑥在日常生活中自由分散地利用玩具和道具练习复述和朗诵，互相评议，互相模仿。过去我们在语言教育活动中进行复述和朗诵，往往采取的是让幼儿在集体中轮流练习，靠机械重复，死记硬背全文，无论是念的人还是听的人都是有声无情，谁也吸引不了谁。现在组织这类活动时我们提倡幼儿互相欣赏，把自己最好的感觉、最好听的声音表现出来，带给大家一种愉悦的享受，而不是枯燥乏味的重复，幼儿的注意力自然就被艺术活动所吸引，幼儿朗诵或复述的主动性、能力、自信都会在相互模仿、自我调整中不断提高。

2. 表演

表演一般都由复述自然转入。从文本的复述到表演，从语言到动态形象的表达，是早期的戏剧创作实践活动，极具创造性，对发展幼儿的创造能力、语言表达能力、艺术再创能力都有良好的作用，是文学作品教学的延伸和发展。这种活动可以使幼儿动起来，符合幼儿的特点，允许他们创造、模仿、表演他们喜欢的作品人物和语言，表现和发展作品情节、内容，这是幼儿十分喜欢和愿意做的一项活动。教师完全可以利用一个作品尽可能地扩大教育效益，凡学会复述的作品都可以组织幼儿进行表演。

表演可以针对作品进行对话表演；也可以进行出声或不出声的哑剧表演；可以用一个段落的内容进行表演；也可以用完整作品的形象表演等。

表演时还要注意让幼儿掌握一些表演的技能。如动作幅度要大，面向观众时说话声音要大，说话的语速要慢，表演的动作要适当等。表演技能的实践需要又会使幼儿更加细致、认真地去观察、吸收周围生活中不同角色的动态和表情，使幼儿表演的兴趣和能力在实践中不断提高。

3. 创编

幼儿创编的条件，一是经验，二是动机（制作动力）。教师应帮助幼儿逐渐获得经验和动机。

经验，包括认识经验（直接经验和间接经验）、情绪经验（兴趣和其他内部情感）、语言经验（音、词、语法）、作品经验（结构图式）、幼儿的文学制作实践经验等。幼儿的作品创造就是作品与各种经验的组合，但这种组合是一种幼儿心理内化后的组合，并不是诸多经验的简单相加，这就需要另一个条件——情感和动机的激励。

动机，包括内部动机和外部动机。内部动机是幼儿内在的兴趣需要和表达的成功体验，是幼儿对语言的交往需要，对文学语言的好奇心和自发的探索兴趣。幼儿随时随地都在有意无意地吸收（内化）口头交往和文学作品中的语言信息，许多语言信息都是从背景材料进入无意识层面而沉淀在幼儿心理结构中的，一旦遇到适合的情境（外部动机）幼儿就会将这些分散的信息通过心理加工进行整合。外部动机就是成人的鼓励和要求、气氛感染、同伴间相互模仿等。而长期的作品熏陶会使人对作品产生迷恋，迷恋往往使人们产生创造的向往，向往就将成为创造的动机，一些幼儿后来之所以成为文学爱好者或作家，和他们童年时的早期阅读不无关联。成人为孩子朗读作品，与孩子在一起轮流或合作编故事、儿歌等都会激励幼儿产生联想、想象。这又说明外部动机可向内部动机转化，因此创造的动机就是内部动机和外部动机的有机结合和相互转化。

幼儿文学作品的创编大致分为以下三类。

（1）对欣赏的作品内容进行编构和仿编

这类创编活动都是和欣赏、朗诵、复述结伴而来的，是对原著这一开放系统的向外拓展，是幼儿对更大的艺术空间的填补，是一种创造性的语言活动，需要幼儿具备多种条件，如对故事图式的理解、有关知识经验的准备等。它是建立在幼儿理解童话和故事作品体裁特点、积累大量知识经验基础上的创造活动，对学前幼儿具有积极的挑战意义。编构活动包括扩编和续编等形式。扩编是通过想象和联想，对原作品的某些部分进行扩编和续编等。在有组织的活动中成人通常是通过提问来激发幼儿的想象和联想的，例如：问小熊还会把萝卜送给谁？谁又会把它怎么样？（《萝卜回来了》）还可以借助某些活动与操作材料，凭借幼儿丰富的想象进行编构。如剪贴编故事、绘画编故事、看手帕编故事、用玩具和木偶编故事、表演编故事和听音乐编故事等。续编是让幼儿根据故事的开头和发展编出结尾或者是情节高潮部分，或者在原有诗歌的基础上继续编出新的段落。不同年龄幼儿编构故事活动应贯彻从理解到表达的原则，服从文学教育活动的整体要求，有不同的具体要求。小班编构故事的重点是编构故事的结局，中班编构的重点是编构故事高潮部分，大班则是编构完整的故事。

仿编活动是幼儿在文学欣赏、理解文学作品内容及构成基础上的一种创造性学习活动。要求幼儿仿照某一篇作品的框架或某一个段落，调动自己个人经验进行扩展想象，编出自己的文学作品或段落。这种想象往往是在文学欣赏活动的基础上进行的，对发展幼儿想象力及创造性地学习文学作品大有裨益。

仿编活动设计与实施有其基本结构：一是做好仿编活动前的准备，包括对所仿照的作品要充分地熟悉和理解，对要仿编作品的内容和形式要有所认识，要有一定的知识经验，还要有一定的想象力和语言表达能力；二是组织幼儿进行讨论和示范，讨论仿编中比较关键的问题，教师还要进行示范仿编；三是启发幼儿的想象力并在此基础上开展仿编；四是教师对幼儿仿编的内容进行串联和总结。根据不同的年龄，仿编有不同的要求。小班仿编活动的重点是要求儿童在原有画面的基础上更换某一个词汇，通过换词来体现文学作品画面的变化。中班仿编活动的重点是要求幼儿通过更换某一个词汇而构成句子的变化。大班仿编活动的重点是要求幼儿对原来文学作品的结构进行部分变动，也可以根据幼儿已有的知识经验仅向幼儿提供一个开头作为仿编的线索，引导幼儿独立完成文学作品的仿编活动。总之，大班幼儿的仿编在结构上限制相对少一些，允许幼儿大胆想象进行再创造。

（2）根据语义内容转换成描述和叙述性语言

提供语义内容的材料有乐曲、声音、绘画、图片、表演（哑剧）及其他儿童化情境。过去这一部分都作为语言教育中的连贯性讲述内容来安排，其实这一做法并不全面。这些语义材料是否能够作为文学制作的材料，要看是否具有故事要素：主题、虚构的人物形象、场景和情节发展、儿童情趣等。我们可以安排将艺术符号相互转换的活动，将画面或乐曲等转换成故事或诗歌。如根据剪贴拼成的画面编故事、根据幼儿自己的绘画作品编故事、观察幼儿手帕上的图案编故事、用桌面玩具编故事、用木偶编故事、表演编故事、听音乐编故事等，幼儿可以依据这些语义材料编出不同的作品。

（3）凭借想象独立编构完整的文学作品

这类创编是不凭借语义和作品，只凭幼儿独立想象和联想构思而成的，如同绘画中的意愿画。它可以分为两种类型：一是根据题目进行口头创编，当幼儿具有较多的编构故事的经验和生活经验后，可让幼儿自己随意编故事，不要给幼儿过多的制约因素，以扩展他们的想象力与语言组织能力。

第三节　幼儿园的讲述活动

一、讲述活动概述

讲述活动是有目的、有计划的语言教育活动，旨在创设一个相对正式的语言运用场合，要求幼儿根据一定的凭借物，使用较规范的语言来表达个人对某事、某人、某物的认识，能顺畅地进行语言交流。

（一）讲述活动的基本特征

1. 讲述活动拥有一定的凭借物

小班：主要进行实物讲述或简单的图片讲述。

中大班：主要要学习如何利用凭借物进行创造性地讲述。

2. 讲述活动的语言是独白语言

所谓独白就是需要说话的人独自构思和表达对某一方面内容的完整认识。

3. 具有相对正式的语言情境

正式主要表现在：一是语言规范。幼儿需要使用较为完整、连贯、清楚的语言进行表达。二是环境规范。一般是在专门的教育活动中和正式的语言学习环境中开展活动。

4. 讲述活动中需要调动幼儿的多种能力

讲述时，幼儿需要感知并理解一定的凭借物，借助对这一凭借物的认识和已有的生活经验，构思和组织自己的独白语言，从独立完整地编码到独立完整地发码，而且不同讲述内容有不同的思维方式，也有不同的逻辑顺序，这对幼儿的观察力、记忆力、想象力和思维能力的要求都是极高的。如果幼儿缺乏这些能力的配合，那么讲述的水平也不会提高的。我们以看图讲述为例，如图片"下雨了"，幼儿要将图片的内容清楚、有条理地描述出来。首先要完整仔细地观察图片，了解图片的人物事件，这就需要幼儿运用观察和分析的综合能力；然后要理解画面的主要内容，要描述人物的动作和事件的主要内容，这就需要幼儿凭借已有的生活经验加以联想、综合并做出判断；最后要深入地反映画面本质、深刻的意义。幼儿还要思考人物的内心世界和对话，他们必须对画面进行综合性的联想，涉及画面的人物、背景、事件等诸多因素之间的联系，反映了思维的深刻性和间接性。可见，只有多种综合能力的配合，才能保证讲述活动顺利、有效地开展下去。

（二）讲述活动的主要类型

1. 从讲述内容来分类

（1）叙事性讲述

叙事性讲述即用口头语言把人物的经历、行为或事情的发生、发展、变化讲述出来。叙事要求说清楚人物、事件、时间、地点和为什么，并且要求说明事情发生、发展的先后顺序。学前阶段只要求幼儿简洁、清楚地按顺序讲述事件即可。叙事性讲述有两种形式：一种是按照第一人称"我"的口气，把事件的经过和个人见闻讲给别人听，另一种形式是以第三人称叙事，讲述"他""她"或"他们"经历的事情。

（2）描述性讲述

描述性讲述即用生动形象的语言，把人物的状态、动作和物体以及景物的性质、特征具体描述出来。在学前阶段，幼儿学习描述性讲述的重点在于初步尝试使用具体、生动、形象的词语说话，同时抓住事物的主要特征进行描述。如讲述"一张照片"，要求幼儿具体描述照片上的人物是什么样的，正在干什么，他们的表情如何，自己看了照片以后的感觉等。又如讲述"秋天幼儿园的银杏树"，要求幼儿描述秋天里的一棵银杏树，要具体说出树叶的颜色、形状和小朋友拣银杏叶可以做什么等等，传递有关秋天银杏树的信息和人们对美的感受。在学前阶段，幼儿学习描述性讲述的重点在于初步尝试使用具体、生动、形象的词说话，同时抓住事物的主要特征进行描述。

（3）说明性讲述

说明性讲述是用简单明了的语言，把事物的形态、特征、用途等解说清楚的讲述形式。如讲述"我喜欢的玩具"，要求说明玩具是什么样的，什么材料做的，怎么玩法等。说明性讲述不需要使用生动形象的形容词，以表述明白事物状态，交代清楚它的特点、来源为主。

（4）议论性讲述

议论是讲道理或论是非，议论性讲述通过摆观点、摆事实来说明自己赞成什么或者反对什么。学前阶段，因为幼儿的逻辑思维水平不高，议论能力还不强，只能进行初步的议论性讲述。如讲述"我喜欢夏天还是冬天"，幼儿可以结合自己的生活经验及个人喜爱来摆观点、举例子说一说，自己到底喜欢什么季节及其原因。这种讲述对于培养幼儿语言逻辑水平、发展他们的逻辑思维能力极为有益。

2. 从凭借物的特点来分类

（1）看图讲述

在讲述活动中使用图片来帮助幼儿讲述，这是人们所熟知的看图讲述。在这类活动中教师所提供的图片，可以是印刷出版的图片，可以是教师自己绘制图片，可以是半成品的边讲边绘画的图画，可以由幼儿画图后讲述，也可以是用教师提供的人手一套图片来自由讲述。看图讲述的凭借物都是图片即平面的具象画面。这类凭借物表现的是情景静止瞬间的暂停现象，在指导幼儿观察、理解并进行讲述时，需要帮助他们联想静止之外活动的形象和连接的情节。

看图讲述根据图片的运用和对幼儿语言和对幼儿语言上的不同要求，还可以分为：

①描述性地看图讲述。

这种讲述要求幼儿不仅能观察到图片上的对象和现象的主要特征，而且能观察到细节部分，事物之间的关系和联系，并能恰当地运用语言进行细致的描述，讲清楚图片上的表现是什么内容，还要求幼儿根据画面描述对象的心理状态。

②创造性地看图进述。

即要求幼儿不仅要讲出图片的主要和次要内容的特征和相互关系，而且要根据图片提供的线索，编成简短的、有情节的故事。还要求幼儿根据自己的想象，再编出画面以外的内容，并用连贯的语言把这些事件表述出来。它的创造性表现在不仅要讲出画面的内容，而且还需要讲出与画面内容有关，但在画面上没有表现出来的内容。如编出画面内容发生之前和发生之后的情节，编出无法在画面上反映的内容，如为什么（原因、动机）、怎么想的（心理活动）、表达出什么样的情绪情感等。

③排图讲述。

排图讲述是训练幼儿判断和推理等思维能力的讲述形式。它主要是通过给幼儿提供一套无序号的图片，让幼儿根据画面的内容，结合自己的理解与想象，按照画面中所呈现出来的简单情节可能发生的顺序，将无序的图排出一定的顺序，构成一个完整、连贯的情节，并将故事的内容讲述出来。同样的图片由于幼儿理解与思维的结果不同，可能会排出不同的序列，所编构的故事也就千差万别，出现了平铺直叙、插叙、倒叙等多种讲述方法，这种讲述方式对幼儿的语言能力、思维能力的要求较高，比较适合大班儿童。

④拼图讲述。

拼图讲述是看图讲述的一种，是看图讲述的拓展。拼图讲述的特点是教师不直接提供讲述的凭借物，而是向幼儿提供各种构图材料，如积塑玩具、贴绒图片、磁铁图片、七巧板、立体图片，其中有人物、动物、花草树木、天气状况及不同的地点等，以及一张大的背景图，幼儿根据一定的主题自由构思，将这些图片摆放在背景图上，拼出各种各样的画面，然后展开丰富的想象，构成一个个完整的、有情节的故事，并将它们清楚地表达出来。在培养幼儿口语表达能力的同时也锻炼了幼儿的创造性思维能力。如立体图片"美丽的小河"，幼儿选择自己喜爱的动物大白鹅、小熊作为主人公，在地点"小河"旁边摆上各种花草树木，并挑选某一方面特定的天气状况，如"阴天"。在创造出这样一种场面后，幼儿可以根据自己的思路讲述与场景相吻合的故事，同一场景编出的故事可以多种多样。如"下雨了，河水上涨了，淹没了小桥，大白鹅帮助小熊过河……"或者"大白鹅和小熊一起到河边捉迷藏，大白鹅藏在河边的水草里……"。这种讲述可以让幼儿自己拼出场景、自由讲述，也可以由几个幼儿合作拼图并创编完整的故事。这种讲述形式灵活、多变、克服了传统的看图讲述中图片完全是教师准备的缺点，发挥幼儿的主动性，而且图片中的形象、场景的设置和故事的构思完全依照幼儿的爱好和想象而定，符合幼儿心理发展的特点，实现了在讲述活动中动手、动脑、动口的目的。

⑤绘图讲述。

所谓绘图讲述，从广义上讲是将绘图、泥工、折纸等手工活动与讲述结合起来的一种活动。与拼图讲述不同的是，绘图讲述是幼儿自己制作讲述的材料，然后将这些材料组合成一个有情节的内容并讲述出来。而拼图讲述则注重"拼"，幼儿把教师提供的各种材料拼成一个完整的画面并讲述，幼儿的讲述材料仍然有一定的参照物，而绘图讲述是没有参照物的，它要求幼儿根据自己的生活经验，结合自己掌握的有关知识，独立绘图，独立构思，对幼儿想象力、创造力、绘图能力、编构故事的能力都有一定的要求。它既保留了拼图讲述"动手、动口、动脑"的优点，又发展了幼儿独立思考、创造性的思维能力，使幼儿在动手操作和讲述中体验到自由创造的乐趣。由于绘图讲述由幼儿自己制作，因此刚开展这种活动时，可以分两次进行。第一次活动绘制材料，如绘画、捏泥等；第二次活动安排讲述，等幼儿对这种活动形式熟悉后，可以将二者有机地结合在一次活动中。如幼儿在捏小兔和糖葫芦后，就可以开展讲述活动，幼儿编出"小兔拿着心爱的糖葫芦，蹦蹦跳跳地到草地上玩……"这样一个主题为"有物品与大家分享"的故事。但要注意的是，对不同年龄的幼儿应有不同的要求。小班幼儿允许他们先绘图后讲述，而中班可以边绘图边讲述，大班则培养幼儿先讲述后绘图的能力。

（2）实物讲述

实物讲述是以实物作为凭借物来帮助幼儿讲述的一种活动，具有真实可信的特点。实物包含真实的物品、玩具、教具、动植物日常生活用品和外在的自然景物等，指导幼儿感知理解实物并进行讲述时，最重要的是帮助幼儿把握实物的特征。在观察中或观察后，要求幼儿将实物的基本特征、用途、使用的方法等多方面的内容清楚地描述出来。但值得注意的是，实物讲述活动一定要与科学教育活动区分开。与科学教育活动相比，实物讲述更侧重于描述、倾听实物的有关特征、用途等语言方面的目标，而不是着重于认识这种实物。也就是说实物讲述应在已经熟悉这种实物的基础上进行，如大班"小型家用电器用处大"讲述活动，就应该在幼儿对小型家用电器具有一定了解的基础上进行，否则幼儿讲述中由于缺乏生活经验而使内容空洞，教师不得不花费大量的时间让幼儿认识小型家用电器，这将冲淡全面的语言教育目标要求，出现"本末倒置"的现象。

（3）情景表演讲述

情景表演讲述是要求幼儿凭借对情景表演的观察与理解来进行讲述的一种活动。在某种情景表演后，在教师的帮助下，幼儿将表演中的情节、对话和内容较完整、连贯地表达出来。这种讲述包括真人表演的情景，用木偶表演的情景，真人与木偶共同表演的情景，或者是通过录像或电脑展示的一段情景，它们都体现了"角色表演"和"连续活动"的特点。向幼儿展示可供讲述的内容。幼儿在观看完表演后要马上把内容讲述出来，这要求他们在观看表演中集中注意和观察力，讲述中还要有一定的记忆力，不仅要记住人物和情节，还要记住人物的对话、动作，事件的发展过程，另外还要有一定的想象力和思维能力，要能感受人物的内心情绪情感的体验和心理动态，并准确地讲述出来。由于这种讲述难度较大，因此一般在小班后期或中班早期开始进行。

（三）讲述活动的语言教育目标

根据讲述活动的特点和幼儿语言发展的需要，在讲述活动中着重培养幼儿三方面的能力。

1. 感知、理解讲述对象的能力养成

幼儿不仅需要学会说自己的想法，也要学会按照主题要求去构思和说话。这就需要幼儿懂得积极地感知理解"要求说"的内容，讲述活动就是提高这方面能力的良好途径。

2. 独立构思与清楚完整地表述的意识、情感和能力的养成

（1）在集体场合自然大方地讲话

3岁幼儿萌生了在集体面前讲话的意识，但幼儿在集体面前讲话的能力需要通过不断地学习才能得到提高。比如，许多幼儿在集体场合讲话音量很小，完全不像在游戏活动或个别交谈时那样大方。在集体场合自然大方地讲话，包括这样几点要求：一是勇于在许多人面前说出自己的想法；二是乐于跟别人分享自己的观点，积极地说话；三是在集体面前说话不忸怩作态，不脸红害羞，不胆怯退缩；四是用大于平时讲话的音量和正常的语调、节奏在集体面前说话。

（2）使用正确的语言内容和形式进行讲述

幼儿处于语言学习过程中，他们的表达还会出现语音、语法、词汇方面

的错误。但是通过尝试错误，不断地修正错误，一步一步地向正确的方向靠拢。讲述活动要求幼儿使用规范化的语言，这就要引导幼儿不断地纠正错误，提高使用正确语言内容和形式的水平。

（3）有中心、有顺序、有重点地讲述

有中心地讲述，要求幼儿敏锐地感觉说话范围，在讲述时不"跑"题，不说与中心内容无关的事；有顺序地讲述，教幼儿学习按照一定逻辑规律来组织、表达自己的口语语言，增强他们说话的清晰度、条理性；有重点地讲述，要求幼儿抓住事件或物体的主要特征，传达最重要的信息，而不是讲话时漫无目的。幼儿在讲述活动中，独立进行构思和清楚完整表达的语言能力，可以提高他们的表达行为水平，促使语言发展。

3. 掌握对语言交流信息清晰度的调节技能

这种调节技能指的是对交往场合中各种主客观因素，以及这些因素与个人使用语言关系的敏感性。在讲述活动中，幼儿可以从以下三个方面提高对交流信息清晰度的调节技能。

（1）增强对听者特征的敏感性

增强对听者特征的敏感性，即根据听者的特征来调节说话的内容和形式，使听者能够理解和接受。

4岁前幼儿的语言主要是以自我为中心的，他们之间没有真正的相互交流，即使在一起游戏他们也常常各说各的话。每个幼儿在讲到自己正在做或准备做的事情时，既不注意别人在说什么，也不关别人是否在听自己说。因此，他们对听者的特征是不敏感的。讲述活动可促使幼儿关注别人的言谈，以及自己所说与别人所说内容之间的关系，努力使听众对自己所讲的内容产生兴趣，并能为他们所理解。于是，他们就可能渐渐学会去把握听者的特征，提高这方面的敏感性。

（2）增强对语境变化的敏感性

根据语言环境的变化来调节语言表达方式，也是保证交流信息的清晰度，促使听者理解的一个方面。每一次具体的讲述活动所提供的语言环境不尽相同，每一次都对幼儿提出了感知语境变化的具体要求，幼儿在学习讲述的过程中，逐步锻炼自己对语境变化的敏感性，培养能随语言环境变化而调节自己表达方式的能力。

（3）增强对听者反馈的敏感性

在运用语言进行交往时，幼儿需要学习根据听者所作出的反馈，及时调整自己说话的内容和方式，这是保持语言清晰度和交流效果的又一种语用技能。掌握这一种语用技能，需要幼儿获得两方面能力：一是及时发现听者的信号，讲话人在说话时，要及时地捕捉听者听懂与否，表现出哪些困惑的、同意的、不赞成的等反馈信息。二是讲话人要能够根据听者反馈的信息及时调整交流内容和方式。幼儿在此方面尚处在初级阶段，当听者发出不理解的反馈信息时，幼儿多半是沉默或多次重复最初的话语。通过教师的提示、插话，幼儿可以觉察自己所说的是否有遗漏和信息被接受的状态，并能按照要求进行修补，最终培养起根据听者所发生的反馈而及时调整交流内容和方式的能力。

二、讲述活动设计与实施的基本结构

讲述活动的类型虽然多种多样，但由于其拥有共同的特点，因此在设计和实施时必然存在着一个相对固定的结构，遵循着一个稳定的规律，它是讲述活动设计和实施的基本步骤和展开顺序。

（一）感知理解讲述对象

感知理解讲述对象，主要是通过观察的途径进行。这里所说的观察，大部分是通过视觉汲取信息，许多看图讲述、实物讲述、情景表演讲述，都是先让幼儿仔细观察图片、实物情景表演来感知理解讲述对象，这主要是通过视觉通道获得的。但也不排斥从其他感觉通道去获得认识，如听觉、触觉、味觉、嗅觉等。例如听录音讲述"夏天的池塘"，教师先让幼儿听一段录音，让幼儿分辨出录音中的各种声响，如知了、青蛙的叫声等。通过听录音将各种声音联系起来，想象夏天池塘的环境以及发生的事情，这是从听觉途径去感知理解讲述对象。触摸实物讲述"神奇的口袋"，则要求幼儿闭上眼睛从口袋里摸出一样实物，通过触摸感觉物体的特征，猜出物体名称并讲述物体的形状与性质。

教师在这一步骤中重点是指导幼儿观察、感知理解讲述对象，以便为讲述打好认识上的基础。教师要依据讲述类型的特点引导幼儿去感知理解讲述对象。如叙事性讲述，应重点感知、理解事件发生的过程顺序以及人物在其中的作用。描述性讲述，应重点观察物体或人物的状态、动作、特征以及像什么等等，只有从这样的角度把握住讲述对象才能为讲述做好准备。另外，也可以依据凭借物的特点引导幼儿去感知理解讲述对象，还可以依据具体活动要求引导幼儿感知理解讲述对象。每一次活动的目标要求是不一样的，有时要求幼儿学习有中心、有重点地讲，有时要求有顺序地讲。教师的任务是根据活动的具体要求，指导幼儿观察，为讲述作好准备。

（二）运用已有经验自由讲述

在幼儿感知理解讲述对象的基础上，教师指导幼儿运用已有的经验进行讲述。这一步骤的活动组织，要求教师尽量放手让幼儿自由讲述，给他们以充分的机会，运用实际已有的经验讲述。教师要改变过去讲述活动几个人讲多数人听的被动、单调的局面，幼儿自由讲述对活动气氛、帮助教师了解每个幼儿的讲述水平、提高幼儿参与活动的积极性都起到重要的作用。组织幼儿运用已有经验自由讲述的方式很多，主要有集体讲述、分组讲述、个别交流等。教师在指导这一活动时，需要注意：一是让幼儿自由讲述之前，教师要交代清楚讲述的要求，提醒幼儿围绕感知理解的对象进行讲述；二是在幼儿自由讲述的过程中，教师要注意倾听幼儿的讲述内容，及时发现幼儿讲述的"闪光点"以及存在的问题。在活动中，教师不要过多地指点幼儿讲述，不要急于告诉幼儿什么，而是要注意倾听，最多以插问、提问等方法引发幼儿讲述，以免干扰幼儿的正常讲述，降低幼儿讲述的积极性。在设计和实施讲述活动中，这一步骤不可缺少，否则会影响讲述活动的效果。

（三）引进新的讲述经验

新的讲述经验，是每次讲述活动的学习重点。通过前两个层次的铺垫，教师可以根据本次活动目标要求，帮助幼儿学习新的经验。新的讲述经验主要是指讲述的思路和讲述方式。

1. 讲述的思路

教师在示范新的讲述经验时，很重要的一点就是帮助幼儿理清讲述的思路，使整个讲述有较强的顺序性和条理性。如看图讲述"捉迷藏"，教师可以按照这样的思路来讲述：小熊来草地上干什么——后来谁来了——他们一起做什么——在捉迷藏过程中发生了什么事——后来怎么样了？等等。帮助幼儿理清讲述的思路是非常重要的，它可以帮助幼儿将讲述的基本内容讲述出来，避免重大事件、重要人物的遗漏或没有围绕事件发生的顺序来讲述等现象的出现。教师可以示范新的讲述思路，就同一讲述对象发表教师个人的见解。如大班拼图讲述"太阳、花和小姑娘"，在幼儿自己拼图讲述之后，教师重新拼摆贴绒图片，构成一个合理的画面，并添画小鸟、小鸡等小动物，然后按照这一完整画面，将小姑娘、小鸟、小鸡和太阳、花构成有情节的内容并讲述出来。教师的这种示范只是讲述思路中的一种，绝不是幼儿复述的模本。如果教育误解了示范的作用，要求幼儿照教师讲述的内容一字不漏地模仿，幼儿便毫无趣味而言，会极大地降低幼儿讲述的积极性和创造性。

2、讲述的全面性

在讲述中，教师要帮助幼儿认识到讲述的基本要素：人（动作对话和内心感受）——地点——事件（开始、过程、结束）——结果。幼儿在讲述中往往会遗漏其中某一方面的内容，使讲述缺乏完整性和连贯性，因此教师要让幼儿掌握这些基本要素，准确地把要表述的内容完整、全面地讲述出来。教师可以用提问或插问的方式引导幼儿讨论新的讲述内容，可以就某一个幼儿的讲述内容入手，与幼儿一起分析其讲述的内容是否全面、完整，在讨论、达成一致意见的同时，幼儿也就学习了新的讲述经验。在运用这类方法时，教师表面上顺着幼儿的讲述内容，实际上却通过提问、插话与幼儿一起归纳新的讲述思路，为他们导入新的讲述经验。比如讲述"我心爱的玩具"，教师说："刚才××小朋友讲得真好。他在讲述自己心爱的玩具时，先讲了什么？先讲了玩具的名称，然后呢？又讲了玩具是用什么材料的。接下来又说了什么？说了玩具的特点以及好玩的地方，最后又说了自己多么喜欢这个玩具……"。教师讲这段话时，用边问边答的形式和幼儿一起分组讨论，帮助幼儿理清讲述的顺序，于是引进了新的讲述经验。

3. 讲述的基本方式

这些基本方式包括观察、感知理解讲述对象的哪些部分是重点内容，要多讲；哪些是次要部分，可以略讲或少讲。这种讲述方式对幼儿分析、概括等思维能力的要求较高，因此一般在中班后期开始培养。

在讲述活动中，无论是看图讲述还是实物讲述，每种类型的讲述都要培养幼儿按照一定的顺序进行讲述的能力。这种顺序包括从上到下、从左到右、从大到小、从近及远、从表面到本质的描述。

所有这些基本的讲述方式都有助于幼儿清楚、有条理地进行讲述。

（四）巩固和迁移新的讲述经验

讲述活动中，仅仅引进新的讲述经验是不够的，还需要提供幼儿实际操练新经验的机会，以利于他们更好地获得这些经验。因此，讲述活动的最后一个步骤是巩固迁移新的讲述经验。

在活动中，巩固和迁移新的讲述经验，有一些具体做法。一是由A及B。当幼儿学习了一种新的讲述经验后，教师立即提供同类不同内容的机会，让幼儿用新的讲A的思路去讲述B。例如：幼儿学习讲述一件玩具的顺序后，教师可让幼儿用同样的思路讲述另一件玩具，从而帮助幼儿掌握所学新的讲述经验。二是由A及A。在教师示范新的讲述经验并帮助幼儿理清思路后，让幼儿尝试新的讲述方式来讲同一件事、同一情景。例如：学讲述"秋天的菊花"思路后，让幼儿开个小花展，向小班的弟弟妹妹介绍秋天的菊花。值得注意的是，在这种情况下，教师应要求幼儿创造性地运用新的讲述经验，尽可能地避免绝对模仿和复述别人的话。三是由 A 及 A1。用这种方法组织第四个步骤的活动，教师可以在原讲述内容的基础上，提供一个扩展和延伸原内容的讲述机会。如拼图讲述"太阳、花和小姑娘"，在教师示范过新的拼图添画和讲述经验之后，进一步要求幼儿自己拼图添画，然后讲述。通过这样一个环节让幼儿巩固和迁移新的讲述经验。

总之，在四个步骤的讲述活动组织中，有一个内在的完整的组织程序。可以说，每一次幼儿学习新的讲述经验，都在每次活动中获得操练、实践，以利巩固、迁移，并且在下一次讲述活动中再次尝试运用。通过这种"滚雪球"的累积过程，幼儿的讲述能力会不断得到发展。

三、讲述活动设计与组织的实例分析

以下以《学前儿童语言教育》中的两个讲述活动为例进行分析和介绍。

【讲述活动一】小球回来啦（中班）

（一）活动目标

引导幼儿完整、连贯地讲述出小猫和小狗打羽毛球的过程，学习用连续的句词结构较详细地讲述"小猫如何帮助小狗捞球的"。

丰富词汇：一次又一次，渐渐等。

通过观察完整的表演、分段表演，帮助幼儿理解表演中角色的动作与情节之间的关系。

培养幼儿安静倾听，观察表演的习惯。

（二）活动准备

①排练好情景表演《小球回来啦》。

②表演的场景——小草地。

③准备一个狗或猫的头饰（或胸饰）。

④羽毛球 1 个，球拍 2 副。

⑤每位幼儿准备 1 个头饰（或胸饰）放在座位下。

⑥小图片若干。

（三）活动过程

1. 引导幼儿观察表演，感知、理解讲述对象。

（1）让幼儿认识场景——草地、小河，认识角色——小猫、小狗，引出课题。

（2）在观察表演前提出规则要求和认知要求：①看表演时要安静。②看一看、想一想：小猫和小狗在小河边干什么？打羽毛球的时候发生了什么事情？

（3）幼儿与教师共同观察一段完整的表演。

（4）帮助幼儿感知故事的主要信息，教师可以这来提问：谁和谁？在小河边干什么？打着打着，突然发生了什么事？

（5）再次看表演。在看到"小狗不慎将球打入河里⋯⋯"这段时，反复看，引导幼儿用连续动词的句式讲述出"小猫如何帮小狗捞球的"。如小猫走到小河边，蹲下身子，抓住小河边的一棵小树，再把身体探下去⋯⋯

2. 边看表演边自由结伴讲述。

（1）引导幼儿一边继续表演，一边讲述。

（2）教师来到幼儿身边，重点引导幼儿讲述"小猫帮小狗捞球"的过程，丰富幼儿的词汇。

（3）请两位幼儿到前面进行讲述。教师运用小图示，将幼儿讲述的思路表现出来。如下图：

（小猫、小狗打球）

（小狗将球打入河里）

（小猫帮小狗捞球）

3. 通过比较理解讲述的思路。

（1）教师指图，引导幼儿发现两位幼儿的讲述思路中，相同与不相同的地方：谁和谁？到哪里去打羽毛球？谁不小心将球打到河里去啦？谁又帮谁把球捞了起来？用什么办法捞球的？

（2）教师指图，让幼儿完整地讲述《小球回来啦》。

4. 运用自己表演, 迁移讲述思路。

幼儿每人从座位下拿出头饰 (或胸饰), 认清自己扮演的角色, 然后戴在头上, 边表演边讲述《小球回来啦》, 教师手指图示, 引导幼儿按新的讲述思路进行讲述。

(四) 活动建议

如果幼儿在 "迁移" 方面语言表述有一定难度的话, 可以先迁移动作 (模仿表演), 延伸活动时再迁移语言 (边演边表述故事情节)。

对于中班的讲述活动而言, 幼儿讲述的主要目标是有序地说, 即要求幼儿能有顺序地说出图片、实物、在情景中的特征和事件, 在情景讲述中, 事件的发生、发展的先后顺序, 主体和背景, 更容易让幼儿去感知、理解。但情景讲述的另一特点在于它的流动性, 每一个场景表现的都是一幅流动的画面。因此, 通过反复的表演 (整体、分段的反复表演) 让幼儿去感知、理解情节是重要的手段之一。

教师在看表演之前提出规则要求, 按事件发生、发展、结果的顺序进行提问的策略是完成目标安静听、有序说的必要手段之一。同时, 为了达到有序说的目的, 教师要引导幼儿充分地去感知 "小猫帮小狗捞球" 的经过, 用连续的动词 (即连动式) 讲述, 这一点也很重要, 因为在 "捞球" 这一情节中, 也有一个小猫从捞球到捞到球的序列过程。

一般来说, 边看表演边自由结伴讲述, 既为幼儿提供了一种宽松、自然表述的环境, 又能让每个幼儿有机会和时间调整已有经验, 将表演中的动作情景的表征意义转化为语言。同时, 又给每个幼儿调整经验、准备讲述的自信心酝酿过程。在请几位幼儿到前面来讲述时, 教师运用教具的目的在于为引进讲述思路作准备。引进讲述的思路是本次活动的重点。在具体的活动过程中, 结果幼儿已经能够较好地有序进行讲述了怎么办? 这在一些课题不太难的情况下常会发生。这时教师可采用分析比较幼儿的讲述, 帮助他们更好地掌握有序讲述的方法。

除了引进讲述思路外, 还有迁移讲述思路, 它就是用了更换角色的方法。同样的场景、同样的情节, 但是更换了角色以后, 就将人物角色和故事事件置于相同的环境之中, 就将幼儿自己置身在特定的角色中, 使其产生 "表演一下" 的冲动, 幼儿在演说的过程中, 练习了用同样的思路来说这个新故事。

考虑到中班幼儿可能遇到的实际情况, 在某些环节里, 可让幼儿先用动作进行迁移, 即只表演不表述, 在延伸活动时再进行表述。

【讲述活动二】大象救兔子（大班）

（一）活动目标

帮助幼儿围绕"大象如何救兔子"，完整、连贯地讲述出大象喊小兔子搭桥让小兔子过河的过程。

丰富词汇：尖尖的、血红大口、窜、慌慌张张、急急忙忙、高高兴兴等。

通过比较性的"听音""看图"，引导幼儿感知、理解。

启发幼儿有目的地从重点部分的几个环节辨析性地进行倾听。

（二）活动准备

①教学挂图《大象救兔子》。

②表现故事的情绪、情节的音乐磁带《兔子和虎》。

③欣赏音乐《兔子和虎》。

（三）活动过程

1. 运用"听""看"引导幼儿感知和理解讲述对象。

（1）出示按如下顺序排列的挂图：

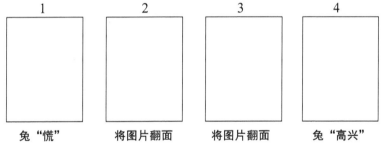

1	2	3	4
兔"慌"	将图片翻面	将图片翻面	兔"高兴"

（2）引导幼儿用合适的词汇、句式表述出兔子的表情、情绪，并引起了解"空白图"所要表现的故事重点部分的兴趣。教师这样提问：（指图1）这只小兔怎么啦？（指图4）这只小兔子又怎么啦？为什么先是那样慌张，后来又是那样高兴呢？在幼儿充分地发表自己的想法以后，教师再进行下面的活动。

（3）放音乐《兔子和虎》，进一步激发幼儿讲述故事"发展"部分情节的兴趣。可以提问：听一听，谁来抓小兔子？想一想，小兔怎样才能战胜大老虎呢？

（4）完整地出示大挂图（其中的图2、3只需再翻回来即可）。

教师引导幼儿紧紧地围绕"谁救兔子？怎样救？"进行感知理解，教师可以这样提问：一天，小兔到哪里去玩？谁看见了，又是怎样向小兔子扑过来的？大象在干什么？它是怎样招呼小兔子？又是怎样救小兔子的？

2. 幼儿运用自己的理解，进行结伴讲述。

（1）幼儿自由结伴，根据大挂图的内容讲述大象救小兔的故事。

（2）教师来到幼儿身边，倾听幼儿的讲述。了解幼儿是否围绕重点进行讲述，他们是采用哪种讲述的思路围绕重点进行讲述的，是用增加角色之间的对话，还是强调角色的动态、故事的情节，帮助幼儿运用准确的描述角色动态、神态的词汇进行表述的。

（3）请两位幼儿分别上来讲述。在这两位上来讲述前，教师提出要求：仔细听一听，他们俩在讲到"大象如何救兔子"时，谁讲得最好？为什么？

3. 用增加"角色之间对话"等，形成新的讲述思路新知识。

（1）教师帮助幼儿分析两位幼儿讲述中的重点部分。可以这样提问：××是怎样讲述"大象救小兔子的"？×××讲述的与××有什么地方不一样？谁讲得更好？为什么？

（2）引导幼儿用集体跟述的方式强调"大象救兔子"过程中的角色之间，不同心情所表述出的不同的对话、表情、神态等。

4. 迁移"增加角色对话等进行有重点讲述"的思路。

引导幼儿回忆在文学活动中学习的文学作品《小马过河》中角色的对话、神态、表情的描述。启发幼儿用新的讲述思路尝试为《小马过河》添加角色对话和神态、动作的描述。

对于大班的讲述活动而言，大班讲述的目标之一是帮助幼儿学会有重点地把握图片、实物或情景的突出内容，有趣地讲出某个图片、实物或情景的突出特征和关键情节。本活动运用听、视觉相互影响的策略，帮助幼儿更准确、生动、有重点地去观察理解图片，促使幼儿详略得当地进行叙述是有益处的。

在前面提到的活动设计中，教师设计了三个层面的活动让幼儿有重点地感知《大象救兔子》情节。第一，出示兔子表情和空白图，激起幼儿对兔子命运的关心："为什么兔子会先那么惊慌，后来又那么高兴？""一定发生了什么事！"第二，通过"听音"帮助幼儿想象"谁帮助了小兔？"发散幼儿的思维，使其能在更大的范围内充分运用自己的想象空间进行独立构思。第三，出示讲述的图片，这时幼儿的种种疑问、期盼，在这里得到了证实，又一次促进他们更加仔细、准确地去观图，把握"大象如何救小兔"这一重点情节。这种多途径、多层次的感知也将有利于幼儿在后面的"有重点讲述"。

在让幼儿运用已有经验讲述时，同样需要注意有重点讲述的要求，在这里，教师的倾听是必不可少的环节。通过倾听，教师可以了解幼儿是运用怎样的思路进行有重点讲述的，以此为下面的活动作好准备。

在活动过程中，教师会对两位幼儿的讲述重点进行比较，主要的目的是引进"增加角色间对话，进行有重点讲述"，同时培养幼儿辨析性倾听能力。如果无目的地给两段话让幼儿进行辨析它们的相同、不同之处时，幼儿抓住的往往是一些零散的字词。"集体跟述"很重要，幼儿在刚刚了解一种讲述思路时，不可能一下子就进入记忆的表象。因此，运用"跟述"，让幼儿讲一讲，可促进幼儿想一想，有一个回味的过程和接受新思路的缓冲过程，有利于幼儿更好地去消化新知识。

上述活动设计还建议这里迁移新的讲述经验，是运用了更换作品的形式进行。大班幼儿在很大的范围内已经接触了大量的文学作品。文学作品中都蕴含着一些"用角色间对话强调重点"的思路，如果将其中的一些作品（幼儿已接触过的）拎出来让幼儿从另一个角度"思路"方面再次进行感知并迁移的话，会使幼儿非常惊喜"大作家也是这样说的"，同时也能进一步提高幼儿文学欣赏的水平。

第四节　幼儿园的听说游戏活动

听说游戏是一种特殊形式的语言教育活动，活动的目标是以培养幼儿倾听和表达能力为主，活动的内容主要集中在听和说的理解和表达方面。它是用游戏的方式组织幼儿进行的语言教育活动，含有较多的规则游戏的成分，能够较好地吸引幼儿参与到语言学习的活动中去，并在积极愉快的活动中完成语言学习的任务。

一、听说游戏活动概述

（一）听说游戏的含义

1. 听说游戏与游戏

严格地说，听说游戏不是幼儿自发组织的游戏，是由教师设计组织的、幼儿有兴趣自愿参加的教学游戏，但听说游戏具有游戏的特征。根据美国游戏研究专家诺伊曼的观点，游戏与活动的基本区别主要在于：①控制。活动由外部控制，而游戏则有内部控制的特征。②真实。活动具有真实的特点，而游戏在很大程度上是假想的现实，游戏中的人、事、语言均有假扮转换的可能。如将木棍当成枪，或扮演动物、父母的角色等等。③动机。活动是由外部动机产生的，是教师组织安排幼儿参加的，而游戏则有明显的内部动机，由幼儿自发地开展和参与。

听说游戏是一种半活动半游戏的教学形式。听说游戏的教学活动提供了由外部控制转向内部控制、由真实转向假想的情景条件，也提供了幼儿在活动中由外部动机激发转换为内部动机的机会。由此，我们将它定义为"听说游戏活动"。

2. 听说游戏与语言游戏

听说游戏不是语言游戏，而是语言教学的游戏。所谓语言游戏，有一种相对固定的概念，是指幼儿在语言发展过程中自发地玩弄和操练语言、语词的一种现象。这种语言现象很大程度上带有自娱的意味。

相形之下，听说游戏由教师设计组织，有明确的语言学习指向目标，有明确的语义内容，因而与上述的语言游戏有很大的差别，只能将它称之为语言教学游戏。

（二）听说游戏活动的基本特征

作为一种特殊形式的语言教育活动，听说游戏主要具有以下基本特征。

1. 语言教育目标内隐于游戏之中

听说游戏有明确的语言教育目标，每一个听说游戏都包含着对幼儿语言学习的具体要求。教师通过听说游戏的设计和实施，将近阶段根据幼儿语言发展水平和语言学习需要所提出的语言教育目标，内隐于听说游戏活动的内容和过程中，落实到幼儿接受理解和尝试掌握的教育过程中去。

2. 游戏规则即为语言学习的重点内容

凡是听说游戏，都带有一定的游戏规则。教师在设计听说游戏时，根据具体的教育目标，选择适当的语言学习内容，并将本次活动的语言学习重点转化为一定的游戏规则，游戏的规则可能是竞赛性质的，也可能是非竞赛性质的。当幼儿参与听说游戏时，他们必须遵守一定的游戏规则，按照规则进行游戏，并在活动中锻炼听说能力。如小班"商店里的东西"游戏中教师制定的游戏规则是："顾客"一定要对"售货员"说清楚买什么商品，"售货员"才能将商品卖给他。如果发音不清楚，暂时不卖，直到说对了再卖给他。这就要求幼儿必须发准"柿（shì）"、"石（shí）"、"车（chē）"等音，才能顺利地买到自己需要的"商品"。

3. 活动过程中逐步扩大游戏的成分

听说游戏活动兼有游戏和活动双重性质，从活动组织形式上看，具有从活动入手，逐步扩大游戏成分的特征。由于听说游戏活动带有明确的学习任务，活动开始时，教师需要帮助幼儿理解活动的内容，交代游戏的规则，并且示范游戏的玩法。然后教师带领幼儿开展游戏，在幼儿熟悉游戏规则，逐步掌握游戏规则后，再放手让幼儿独立进行游戏。应当说，听说游戏活动开始时以活动的方式进入，而最后以游戏的方式结束，教师的主导作用在开始时体现得最为明显，随着幼儿熟悉水平的提高而逐渐减少，直到幼儿完全自主地进行游戏。

（三）听说游戏活动的主要类型

1.语音练习的游戏

这类游戏是以练习幼儿正确发音，提高幼儿辨音能力为目的的种活动。它的形式和结构都较简单。在听说游戏中，着重为幼儿提供练习发音的机会，以利于幼儿学习或复习巩固发音。可以让幼儿着重练习他们感到困难的或容易发错的语音，也可以组织幼儿进行方言干扰音的练习、普通话声调的练习、发声用气的练习等。但每次练习的语音不要过多，以免难点过于集中，影响幼儿的学习效果。如小班幼儿普通话发音的难点主要有 zh、ch、sh、r 四个辅音，教师可以根据幼儿的实际情况，选取这些声母与一定的韵母结合的音节设计一些游戏活动，如小班听说游戏"卖柿子"，就较好地利用游戏的形式帮助儿童掌握这些难发的语音。

2.词汇练习的游戏

这类游戏是以丰富幼儿的词汇和正确运用语汇为目的。学前阶段幼儿语言学习的一个重要方面是大量积累词汇、增加口语表达的内容。应该说，幼儿的词汇是在日常生活经验的积累过程中逐步增长起来的，几乎没有一个研究能确切地证明究竟一个幼儿每天能习得多少词汇。

（1）扩展同类词组词

听说游戏往往让幼儿做同一类如何扩大和增加词汇的练习，鼓励幼儿在听说游戏过程中按照一定的规则去组织扩展。例如"怎样走"的听说游戏，要求幼儿用一定的副词描述怎样走的动作，幼儿可以说"快快地走""慢慢地走""三步并作两步地走""一蹦一跳地走"等。要边说边做动作，既要说对又要做对动作。

（2）搭配不同类词

词汇的搭配通常与语言习惯和经验有关，是一种社会约定俗成的表现，但也有一定的规则。一个词能与哪些词进行搭配是有一定限制的，要注意词汇的搭配必须合乎事理。看一看词的意义适用于哪些，考虑语言习惯，幼儿可以用一个词汇组成句子或者在游戏中加入搭配不同类词的活动，培养幼儿正确用词的方法。

3.句子和语法练习的游戏

学前阶段幼儿在语言学习过程中大量的积累句型，按语法规则组词成句，这是他们语法习得和发展的重要阶段。一般来说，幼儿将从简单句过渡到复合句水平。学前阶段后期开始进入理解嵌入句的水平。无论是简单句还是复合句，都有多种类型的句式，要幼儿理解和掌握并且熟悉运用都需要经过一定的练习。幼儿在日常生活中可能获得运用句型的机会，而听说游戏是有意识地帮助幼儿练习，可以让他们通过专门的、集中的学习迅速地把握某种句型的特点和规律，并在尝试运用过程中提高熟练使用的水平。例如大班听说游戏"盖楼房"，幼儿通过用"……越来越……"和"……越……"的句式学习句型。在游戏中学习句型，有一定的激励效果，幼儿可以产生较高的积极性。这种游戏主要在中大班进行。

4.描述练习的游戏

这类游戏是以训练幼儿用比较连贯的语言，具体形象地描述事物，提高口语表达能力为目的的。它要求幼儿语言完整、连贯，具有一定的描述能力。如大班听说游戏活动"金锁银锁"，让幼儿念儿歌以对答的形式，帮助幼儿学习用简短而有节奏的词语形容和描述件事物。这种游戏主要在大班进行。

（四）幼儿园听说游戏活动的语言教育目标

幼儿园听说游戏活动的语言教育目标，主要表现在以下三个方面。

1.帮助幼儿按一定规则进行口语表达练习

这里所说的一定规则，主要是指按照语言的规范制定的游戏规则。在幼儿参与听说游戏过程中，他们需要自觉地参与规范语言的学习，在执行游戏规则的活动中掌握规范的口语表达能力。其次，听说游戏按照一定规则进行的口语练习，主要包括两个方面的目标。

（1）复习巩固发音练习

教师可以根据幼儿语音学习的四种特别需要来组织活动：①难发音的练习。②方言干扰音的练习。③声调的练习。④发声用气的练习。

（2）扩词练习

用听说游戏的活动方式扩展幼儿的词汇，是专门提高幼儿对词汇学习敏感度的机会，这类集中学习词汇的听说游戏，着重引导幼儿积累以下两方面的词汇学习经验。

一是同类词扩词的经验。例如，"怎样走"的听说游戏要求幼儿用一定的副词描述走的动作，幼儿可以说"快快地走""慢慢地走""大步地走""小跑步地走""一蹦一跳地走"。在学习过程中幼儿可依据规则创造性地运用词汇进行描述练习。

二是不同类词搭配的经验。例如：量词有明显的搭配规则，到大班阶段，幼儿对量词开始产生一定的敏感性，在这个时期给他们提供听说游戏的机会，可以很好地帮助他们掌握一般量词的使用方法。此外还有介词（方位词）的学习等，都可以通过听说游戏的活动产生良好的教育效果。

2. 在听说游戏中提高幼儿积极倾听的水平

听说游戏为幼儿提供的是一种不同于其他语言学习的场合，幼儿在参与学习时具有更多的主动性和自主性，因而有利于他们积极倾听水平的提高。教师在思考听说游戏的目标时，应对幼儿提出以下几点要求。

①听懂教师的讲解，理解游戏的规则。

②听懂游戏的指令，把握游戏进程。

③准确把握和传递有细微区别的信息，提高倾听的精确程度。

3. 培养幼儿在语言交往中的机智性和灵活性

对幼儿在听说游戏中提高语言交往的机智灵活性的培养，从根本上说，是提高幼儿在语言交往过程中反应敏捷的能力，着重可从以下几点考虑：

①迅速领悟游戏语言规则的能力。

②迅速调动个人已有语言经验编码的能力。

③迅速以符合规则要求方式的表达能力。

二、听说游戏的活动设计与组织思路

听说游戏活动的设计与实施有其独特的规律，按照下列思路去设计实施活动，可以产生更好的教育效果。

（一）创设游戏情景，引发幼儿兴趣

在听说游戏开始时，教师需要调动一些手段去设置游戏的情景。如用物品、动作或语言创设游戏的情景，目的在于向幼儿展示听说游戏的氛围，引发幼儿参与游戏的兴趣。

1. 用物品创设游戏情景

教师使用一些与活动有关的物品，或者玩具、日用品等，布置游戏的情景，制造游戏的氛围，激发幼儿参与游戏的兴趣。

2. 用动作创设游戏情景

教师用动作表演，让幼儿想象出游戏的角色，或者游戏的场所，进而产生游戏情景的气氛。

3. 用语言创设游戏情景

教师通过自己所说的话，直接描述或指出游戏中角色以及所处的环境。比如小班听说游戏活动"水果在哪里"，教师直接对小朋友说"秋天里，水果丰收了，我们和小动物一起到果园里去摘水果吧！"教师用语言引导儿童进入角色，营造游戏的气氛，同样可以达到创设游戏情景的作用。

（二）交代游戏规则，明确游戏玩法

在创设游戏情景之后，教师接着就要向幼儿交代游戏的规则，这一步骤的目的是要幼儿明白教师布置的任务，知道游戏的要求，明确游戏的玩法。教师通过讲解和示范相结合的方式，引导幼儿理解游戏的规则，如中班"开火"游戏，教师用积木搭火车，通过这个情景引发幼儿游戏的兴趣。游戏开始后，教师交代游戏的规则，有一人做火头，其他小朋友都坐小火车车厢。游戏开始时，大家一起念儿歌："点兵点将，点到谁，谁就是我的火车"，由火车头开始，边念儿歌边用手轮流点小朋友，当儿歌念完后，最后被点到的小朋友站起身，从火车头的包里摸出一张图片，并用量词说出图上的东西。说对的小朋友站在火车头后坐一节车厢。说错了，不能坐车厢。大家再重新念儿歌，找另外一个火车厢。

教师在交代游戏规则时，要注意以下事项。

第一，用简洁明了的语言讲解。在交代游戏规则时，切忌啰嗦、冗长的解释，以免幼儿抓不住要领，不能及时理解游戏规则，影响游戏的进程。

第二，要讲清楚听说游戏的规则要点和游戏的开展顺序。听说游戏的规则要点一般都是游戏中幼儿要按照规范说出的话，教师应当让幼儿基本明白说什么和怎样说，以便他们能够在参与游戏时付诸实践。同时要帮助幼儿清楚地理解游戏开展顺序，先做什么后做什么，什么角色做什么。这样，他们才能够顺利地开展活动。

第三，教师用较慢的语速进行讲解和示范。教师在交代游戏规则时使用的语言应当是相对减慢速度的语言。尤其是针对游戏规则回答问题或说一句话时，一定要保证让幼儿听清楚，因为这种语言带有示范的性质。

（三）教师指导幼儿游戏

教师带领幼儿开展游戏，是一种以教师为主导，指导幼儿游戏的过程。在这一段时间内，教师在游戏中充当重要的角色，可以主宰游戏的进程。此时，幼儿可以部分地参与游戏过程，即一部分幼儿先参加游戏，再进行轮换，这样全体幼儿都有观察、熟悉的机会。也可以是全体幼儿参加游戏的一部分，待幼儿熟悉游戏的规则和玩法后，再参与的全过程游戏。

教师指导幼儿游戏，有利于幼儿在活动过程中，熟悉游戏规则，进一步明确和掌握游戏的玩法，捋清在游戏中运用语言交往的基本思路，从而为独立开展听说游戏做好充分的准备。

（四）幼儿自主游戏

通过前面三个步骤的活动，幼儿已经比较熟悉和掌握游戏的规则和玩法，具备独自开展听说游戏的基础。

在幼儿自主游戏的阶段，教师可以放手让幼儿自己开展活动。此时，教师已从游戏领导者的身份退出，处于旁观的地位。在观察幼儿游戏时，注意对个别不熟悉规则和玩法的幼儿进行及时的指导和点拨，帮助这些幼儿更快地加入到游戏中去。教师还要注意及时解决游戏中可能出现的矛盾和纠纷，以免因角色分配不当或其他问题影响游戏顺利进行。教师对幼儿游戏行为的评价和态度能激发幼儿玩游戏的积极性，促使幼儿更加主动、积极地活动，圆满地完成听说游戏的教育任务。

三、听说游戏活动的设计与组织实例分析

本文以《学前儿童语言教育》中的听说游戏活动为例进行分析介绍。

【听说游戏】山上有个木头人（小班）

（一）活动目标

要求幼儿正确发出"山（shān）"、"上（shàng）"、"三（sān）"等字音，区别s和sh，an和ang等音。

帮助幼儿听懂并理解简单的游戏规则，提高对指令性语言的倾听水平。

培养幼儿的自我控制能力以及听说应变能力。

（二）活动准备

拉线木偶玩具一个（或用纸板制成的活动拉线木偶人）。

（三）活动过程

1. 出示木偶人，创设游戏情境，引起幼儿的兴趣。

教师以小木偶的口吻同大家自我介绍："我是木头人，今天我想和小朋友一起玩一个游戏，名字叫'山上有个木头人'。"接着，教师边操作木偶拉线，边念儿歌，帮助幼儿了解游戏的基本内容。

表演结束后，教师继续以木偶的口吻与幼儿交谈。例如："谁想和我玩游戏呢？那你必须先告诉我，刚才我说了些什么？"引导幼儿回忆游戏儿

歌内容，学会念游戏儿歌，正确发出每个字音，特别是"山（shān）""上（shàng）""三（sān）"。

2. 向幼儿介绍游戏的规则及玩法。

（1）游戏时需念儿歌，并可自由做动作。儿歌念完后，就不能动，也不能发出声音。

（2）如果谁动了或发出了声响，就必须将手伸给同伴，而同伴则拉住他的手说："本来要打千千万万下，因为时间来不及，马马虎虎打三下。"然后边拍同伴的手心边数说："1、2、3。"游戏结束。

3. 教师以游戏参与者的身份分别与全体或个体幼儿进行交往活动，给幼儿观察和练习的机会。

（1）教师带领全体幼儿边念儿歌，边坐在椅子上自由做动作，鼓励幼儿做出各种动作以增加游戏的趣味性。儿歌念完后，教师自己故意先动，然后伸出一只手让全班幼儿边说边打三下，给幼儿以练游戏语言的机会。

（2）教师与个别幼儿的游戏，及时给予纠正个别发不准的音。

4. 幼儿自主游戏。

教师安排幼儿与同伴结对，自由组合，自主地开展游戏活动。注意提醒幼儿遵守游戏规则，与同伴友好合作游戏。

附游戏儿歌：

山上有个木头人，

山，山，山；

山上有个木头人，

三，三，三；

三个好玩的木头人。

不许说话不许动。

（四）活动延伸

在日常活动中，教师可启发幼儿想像，进行简单的听指令仿编游戏儿歌的活动。教师可提下列问题，如"除了木头人，你还看见过其他材料做成的人吗？还可以用什么材料做人呢"？引导幼儿说出"铁皮人"、"石头人""稻草人"等。

游戏时，幼儿必须听指令改编游戏儿歌，如发令人说"稻草人"，幼儿就念"山上有个稻草人"的游戏儿歌。

听说游戏活动的目标应该体现《纲要》的主要目标：帮助幼儿发准难发的音和易混淆的音，听懂并理解游戏规则，提高控制自己的动作及语言反应的能力。目标较全面，也较具体，且目标的难度适中，较符合小班幼儿的年龄特点。

游戏活动准备的材料是用来创设游戏情境的。若没有活动木偶，也可以采用手偶教具代替。活动开始，采用木偶表演的形式创设游戏情境，更符合小班幼儿的认知特点，更能吸引小班幼儿的注意力，激发幼儿对游戏的兴趣。

在此活动中，教师通过语言激发幼儿学念儿歌，在幼儿学习过程中，要及时纠正幼儿不正确的发音，教幼儿正确念儿歌，这样可以为以后顺利开展游戏奠定基础。

听说游戏一定要有语言练习的规则，否则就不能达到语言学习的目标。此游戏规则中要求幼儿边念儿歌边进行游戏，这就充分体现了语言练习的要求。

对于小班幼儿来说，教师制定的规则一定要简单，语言也一定要简洁明了，以便于幼儿理解游戏的规则，基本了解游戏的玩法。在幼儿基本了解游戏规则的前提下，教师担任主角指导游戏这一环节十分重要。教师先与全班幼儿游戏，以自己为失败者的身份出现，让幼儿成为胜利者，练习游戏中的规则性语言，并充分体验游戏的快乐。接着，教师再与个别幼儿进行游戏，让每一位幼儿清楚地感知游戏的全过程，为幼儿自主游戏作好充分的准备。

此游戏较适合采用让幼儿两两自由结伴的形式进行活动，它可以让每位幼儿都能充分地、自主地进行游戏活动，为幼儿提供了充分练习的机会，也有利于培养幼儿与同伴合作的能力。在此过程中，教师从主角地位退出，放手让幼儿自主游戏，但并不是袖手旁观，而是巡回观察幼儿的活动，了解幼儿的游戏情况，并及时给予帮助和指导。建议此活动可安排在日常生活中进行，让幼儿有更充分的时间去进行发音练习和各种能力训练。

在幼儿较熟练地开展上述游戏的基础上，组织安排幼儿进行简单地仿编游戏儿歌活动。一方面可以丰富游戏的内容，提高幼儿对游戏的兴趣，另一方面能培养幼儿听说应变能力，提高幼儿的语言仿编能力。

第五节 幼儿园的早期阅读活动

早期阅读活动主要是为学前儿童提供阅读图书的经验，还包括早期识字经验和早期书写的经验。幼儿园的早期阅读活动，是有计划、有目的地培养幼儿学习书面语言的教育活动。这种早期阅读活动，向幼儿提供集体学习的环境，帮助幼儿接触书面语言，发展他们学习书面语言的行为，培养他们对书面语言的敏感性，为进入学龄期的正式书面语言学习打下良好的基础。早期阅读是幼儿语言学习的一个不可缺少的部分，对促进幼儿语言发展具有重要的价值。

一、早期阅读活动概述

（一）早期阅读的含义

早期阅读是指学前儿童从口头语言向书面语言过渡的前期阅读准备和前期书写准备，其中包括让幼儿知道图书和文字的重要性，愿意阅读图书和辨认汉字，掌握一定的阅读和书写的准备技能等。《幼儿园教育指导纲要（试行）》中，用专业的术语把早期阅读解释为幼儿的前阅读和前书写能力，指出要"培养幼儿对生活中常见的简单标记和文字符号的兴趣；利用图书、绘画和其他多种方式引发幼儿对书籍、阅读和书写的兴趣，培养前阅读与前书写能力"。也有人把幼儿的前阅读与前书写能力定义为：儿童在有系统地学习阅读和书写以前所获得的与阅读和书写有关的知识、概念、行为、技能和态度。

阅读是一个人生存和发展的重要学习能力，也是孩子学习成功的重要条件，早期阅读是婴幼儿从口头语言向书面语言过渡的前期书写准备，其中包括知道提高水平和文字的重要性，美国心理学家推孟在天才发生学的研究成果中指出："有 42% 的天才男童和 46% 的天才女童，是在 5 岁前开始阅读的"。可见，早期阅读对幼儿阅读兴趣、阅读习惯的形成有直接的影响，能帮助幼儿培养启蒙阅读意识。养成良好、持久的阅读兴趣和习惯，这是终身学习的重要条件。

研究发现，人的阅读发展大致可分为两个层面，即获得阅读能力的学习和通过阅读获取信息的能力学习。一般来说，8 岁以前的儿童应当获得的是基本阅读能力，即自主阅读的意识与技能。在这个阶段幼儿的口头语言发展速度惊人，同时开始认识符号、声音、意义的关联性。学习如何看待一张纸、一本书，尝试用自己所学的语言解释周围生活中的所见所闻。8 岁后就可以通过这些基本阅读能力去进一步形成获得信息的能力。当儿童能够通过阅读学习独立思考解决问题时，他们才有良好的在校学习适应性与学业成就，才具备个人终身学习的倾向与能力。这种大阅读的思想，应该是学前教育中培养幼儿前阅读与前书写技能所提倡的，同时也是终身教育体系下的概念。

（二）儿童早期阅读能力的发展

在以往的语言教育观念中，学龄前儿童以发展口头语言为主。然而，最近十几年有关的幼儿读写发展的研究表明，幼儿在早期获得口头语言的同时，便萌生对书面语言的兴趣和敏感性，开始观察、体验有关书面语言的读写经验，从而逐步尝试探索周围环境中的书面语言。从国际和国内对儿童早期阅读的研究发现：幼儿早期阅读水平的发展可以从早期识字行为、早期图书阅读行为和早期书写行为三个方面来考查。

1. 早期识字行为的发展

儿童早期识字行为的发展，作为阅读能力发展的一个部分，与他们口头语言发展密切相关。已有研究结果告诉我们，儿童识字行为发展，可以分为下列三个阶段。

（1）萌发阶段

①能够有兴趣地捧着书看。

②注意环境中的文字。

③会给书中的图画命名。

④能够改编讲述书中熟悉的故事内容。

⑤能够辨认自己的名字。

⑥开始辨认某些字。

⑦喜爱重复儿歌和童谣。

（2）早期阶段

①开始了解文字是有意义的。

②改编故事时注意原作者的文字。

③愿意念书给别人听。

④能够在各种情况下辨认熟悉的字。

（3）流畅阶段

①能够自动处理文字的细节。

②能够独立阅读各种形式的文字（如诗歌、散文或者菜单等）。

③会以适合文字形式风格的语速和语音、语调阅读。

在上述的研究中，研究者发现学龄前儿童的阅读行为发展主要属于萌发阶段和早期阶段。发展中的幼儿以他们自己的方式探索文字，逐渐扩展他们处理多种文字材料的能力。

2. 早期图书阅读行为的发展

许多人认为早期阅读主要是识字，但是这种观点其实是错误的。在幼儿早期阅读能力发展中，有一个很重要的方面是图书阅读行为。图书是幼儿阅读发展的重要媒介，有关的研究表明，阅读能力强的儿童常来自语言丰富的环境，早期的图书阅读能够带领幼儿超越他们原有的语言形态。

苏日比研究幼儿萌发的图书阅读行为，他发现两三岁儿童以口语阅读图书的行为，可以分为以下五个阶段。

①注意图画，但未形成故事。幼儿指着图画，说出画的物品名称，将每一页当作是独立的；常跳着翻页，不能按照顺序翻书，因而不能联结成一个故事。

②注意图画并形成口语故事。幼儿边翻书边看画面，跟随画面内容用讲述故事的语音、语调说话，串连起一个完整的故事。

③注意图画，开始阅读和讲故事。幼儿看着图画念读，有时以讲故事的语音、语调念读，有时以一个读者的语音、语调念读。

④注意图画，但开始形成书面的故事内容。幼儿看着图画念读，念读的字句和语调，好像在读书。

⑤注意文字。这个阶段依次出现四种情况，先是只关注文字而忽略故事；接着是部分阅读，重点关注自己认识的字；继而以不平衡的策略读书，在读书时过度省略不认识的字，或者凭预测替代某个不认识的字；最后过渡到独立阅读文字书。

在苏日比研究的基础上，台湾学者杨怡婷参照汉语儿童图画书阅读行为发展进行同种研究，将汉语儿童图书阅读行为发展分为下列三个阶段。

①第一阶段：看图画，未形成故事。这个阶段的幼儿，从跳动翻页，说出食物名称。到手指图画，讲述画面中人物的行为；逐步发展起用口语说出图画内容的能力，但是还不能形成完整的故事。

②第二阶段：看图书，形成故事。在这个阶段，幼儿能够从图书看出故事的连贯性，开始用口语说出书上部分情节内容相似的故事。

③第三阶段：试着看文字。幼儿开始注意到书上的文字，他们从部分地读，到以不平衡的策略读，再进一步独立地读，最后学习独立而且完全阅读。

3. 早期书写行为的发展

幼儿学习书写的方式与学习识字和阅读图书相似，都要经过尝试和探索的过程。他们先把觉得好玩的东西在纸上涂涂画画表现出来，慢慢地了解写字的各种形式，开始试着写出类似字的东西。只有知道了写字用途之后，幼儿才能够真正学习写出跟成人一样的字来。

在有关英语儿童书写能力发展的研究中，已有的研究结果认为幼儿随着年龄的变化，会经历下列阶段。

①画图：幼儿用画图来代表写字，并且假装读出所画的字。

②涂写：逐步学会涂写出像符号的东西。

③类似书写：3～4岁的幼儿开始觉察到成人所写的字是有意义的，于是

他们尝试写类似的字母字型。

④连串类似书写：当幼儿形成有关字的概念时，他们开始书写连串类似字的符号。

⑤发明式书写：幼儿开始探索语音与字型的关系，于是就用自己知道的规律来构造字，而这个时候可能会出现书写中的许多不正确的字。

⑥真正的书写：儿童写出如同成人所写的真正意义上的字。

虽然目前还没有汉语儿童书写能力发展阶段的研究结果出现，但有关的前期研究也证明了研究结果所提出的书写策略形成过程，即儿童首先了解书面语言是有意义的；然后认识写字是一再重复使用少数几个笔画；进而发现这些笔画有许多变化方式；经过探索，儿童逐步认识形成字的笔画，但只能有限度地变化；最后发现写字有次序和方位的规则。这些基本的书写策略的形成过程，同样是汉语儿童行为发展的一般规律。

4. 国内对早期儿童书写发展特点的实验研究

我国学者林泳海等（2002 年），对 3.5～6.5 岁幼儿对名字的书写这一发展状况进行了研究，其基本结果如下。

（1）名字书写发展趋向

幼儿名字书写从 3.5～6.5 岁是在不断发展的。其中，4.5～5.5 岁进步平缓，而 3.5～4.5 岁和 5.5～6.5 岁是快速发展的两个时期。由于汉字是一种图形文字，汉字书写需要一定的空间能力，这一时期书写的发展与其思维发展的象征性特点紧密相连。5.5 岁儿童近一半能够较好地书写自己的名字。

（2）名字书写的笔顺情况

3.5～4.5 岁幼儿基本上不能按笔顺书写。一小部分 4.5～5.5 岁幼儿可以按笔顺书写名字。而到了小学一年级这种情况完全改观，这是幼儿年龄增大、书写技能提高以及教育训练的结果。

（3）绘画技能与名字书写的关系

幼儿的绘画技能水平比起书写表现得更高些，说明书写是一种比绘画更困难的活动。幼儿的文字书写经验不仅涉及到认知技巧，而且它本身就是一个复杂的社会心理语言活动。幼儿写字反应呈现出情感、知识、沟通和创造性的个别差异。借助于绘画和文字的想象力和读写萌发的经验，幼儿才能够对书写文字有很好的理解。

（三）早期阅读活动对儿童阅读能力发展的作用

从国际国内有关早期阅读的研究成果表明，早期阅读的作用具体体现在以下几个方面。

1. 有利于儿童顺利过渡到书面语言

许多能熟练地读和写的儿童都十分怀念早期的阅读活动。在他们还是幼儿的阶段，他们可以随心看想看的图书、编自己想编的故事。通过这样的阅读他们建立了初步的"读"和"写"的信心，因此在正式学习书面语音时不感到困难。

2. 有利于了解书面语言知识

幼儿阶段接触书面语言的活动，使幼儿增长了有关书面语言的知识，懂得怎样"读"和"写"的初步规则，这样就为儿童日后在学校正式读写打好了基础。在有关的研究中，人们发现经过早期阅读培养的儿童有良好的阅读习惯与阅读能力，并且证明早期阅读与儿童后来的读写水平有很大的相关关系。

3. 有利于培养自我调适能力，提高阅读水平

传统的学校教育比较重视用外部调整的方式进行阅读教学，而最新的研究提出了培养儿童内部调整能力，提高阅读水平的问题，并且强调了早期培养儿童自我调适阅读技能的重要性。实践也已证实，幼儿可以在早期阅读中建立起一种自我纠正、自我调适的阅读技巧，这对于他们进入学校学习书面语言有很好的作用，有利于儿童获得较高的阅读水平。

4. 集体环境中学习早期阅读优于幼儿在家或自学的效果

幼儿园有计划、有目的的组织幼儿早期阅读活动，向幼儿提供了集体学习阅读行为的环境。这将产生不同于幼儿在家或自学的效果，有关研究告诉我们，学前期集体的早期阅读活动至少可以发生三种效应：第一，教师与幼儿之间的相互作用，可以帮助幼儿获得最佳的早期阅读效果。第二，幼儿在集体环境中学习阅读，可以与同伴一起分享早期学习阅读的快乐，从而提高他们参与阅读的积极性。第三，在适合幼儿的集体阅读活动中，教师能够通过观察比较，发现某些幼儿阅读的特别需要，这样可以提供恰当的帮助。

5. 有利于促进幼儿观察与思维能力的发展

幼儿期正是观察力初步形成和发展的重要时期。幼儿观察的发展，表现在观察的目的性、持久性、细致性以及概括性的不断发展。这些观察能力的培养在幼儿的早期阅读活动中能得到充分的体现。例如，围绕某一问题观察画面，观察画面时按一定的次序，观察事物个别的、细微的甚至较隐蔽的特征，观察时能按前后页的关系得出书本的主题。

具体形象思维是幼儿期思维的特点，它有两个特征，即具体性和形象性。在阅读活动中，幼儿需要通过对画面、角色表情的比较、分析等思维形式，

做出简单的判断、推理。有时他们的判断可能是大人想不到的，问其原因，有着观察画面后思维推理的过程，但这种推理具有"儿童化"。

6. 有利于促进幼儿独立性和自信心的发展

独立性反映一个人在行动中的自主程度。研究表明，幼儿在 3～5 岁时独立性发展迅速。孩子最初的阅读行为往往来自实际生活，有的产生于家长或成人的讲述，有的来自于家长或教师和孩子一起看书。孩子的阅读一开始是一种成人与孩子的交互阅读，随之逐渐减少，孩子的自主阅读成分逐渐增加，逐步过渡到以幼儿为主的独立阅读活动，独立性得到发展。幼儿独立性发展最后表现在他们能够自己进行阅读活动，不再完全依赖成人。同时，独立性的发展也促进了幼儿自信心的提高，他们能在集体中将自己对书本的理解、对画面的观察充满自信地讲述出来。

综上充分说明，早期阅读是幼儿语言学习的一个不可缺少的部分，对促进幼儿语言发展具有重要的价值。也正因为如此，在幼儿园组织幼儿早期阅读活动十分必要。

（四）早期阅读活动的特点

1. 早期阅读活动需要丰富的阅读环境

早期阅读重在为幼儿提供阅读经验，因而需要向幼儿提供含有较多阅读信息的教育环境。

（1）教师要为幼儿创设宽松的、自由阅读的精神环境

在一个特定的时间段内，幼儿可以自己阅读，也可以与同伴一起阅读，还可以围坐在教师旁边欣赏有趣的图画故事。为了创设浓厚的阅读气氛，教师首先自己要为幼儿树立良好的阅读榜样，试想如果教师"嗜书如命"，并常向幼儿讲述图书中的动人故事，必定会影响幼儿，因为幼儿是好模仿的。故在浓厚的阅读氛围中，能使幼儿耳濡目染、潜移默化地养成良好的阅读习惯和阅读能力。

（2）教师要努力为幼儿创设丰富的阅读物质环境

早期阅读经验仅仅通过几次专门性的阅读活动是不可能获得的，它需要在大量的日常阅读中习得并获得巩固和发展。因此，教师在安排完每月有计划的阅读活动之后，应该在日常活动中保证幼儿有一定的阅读时间，这种时间的安排可以是随机的、不固定的。如晨间来园时，幼儿同伴之间可以相互欣赏各自从家里带来的图书或幼儿园的图书，也可利用教育活动间隙，如动作比较迅速的幼儿很快就完成了洗、饮水等任务，为减少其等待时间，鼓励其阅读图书。此外，还要利用午睡起床、晚间离园的时间段鼓励幼儿阅读。

总之，与其让幼儿闲坐聊天、无所事事，还不如抓住时机让他们做一些有意义的事。

教师要为幼儿提供足够多的阅读场所，而且这些阅读场所应含有较为丰富的阅读信息，如语言角、图书角以及阅读区内有许多适合幼儿阅读的图书，这些图书应不断得以更新。此外，教师还应将活动室看作是幼儿阅读活动场所的扩展，在大班活动室的各个区域贴上相应的文字和拼音，如"积木角"、"娃娃家"等文字标签，在电灯开关上贴上"开关"，在动手区贴上"小巧手"，在鱼缸边贴上"小鱼""蝌蚪"，学习"木"字旁时，将与此有关的家具"橱""桌""椅""柜"都贴上相应的文字。总之，教师要利用一切机会、场所，为幼儿提供含有丰富阅读刺激和信息的教育环境，让幼儿感受书面语言，潜移默化地接受有关书面语言的知识。

2.早期阅读材料应具有表意性

幼儿认识的特点决定了早期阅读活动必须为幼儿提供有具体意义的、形象的、生动的阅读内容。

有趣的图文并茂的故事，有实在意义并有一定规律可循的文字能帮助幼儿形成有关书面语言的初步知识。从这样的特点来考虑，幼儿接触的书面语言，是他们已有概念的文字代码，即书面语言能够即刻引起他们接通口头语言以及表征意义的联想，这样也有利于幼儿逐渐认识到书面语言的表意性质。

3.早期阅读活动与讲述活动紧密相联

早期阅读活动为幼儿提供了众多有具体意义、形象生动的阅读内容，幼儿在阅读过程中不仅要理解图书的主要内容，还要将图书的主要意思以口头表达的形式表现出来，这是阅读活动的一个主要目标。因此，阅读活动与讲述活动紧密结合在一起，幼儿可以边看边说，也可以在看完之后把图书的大意讲述出来。从阅读讲述的组织方式来看，幼儿可以独自讲述图书的主要内容，也可以在小组、集体中讲述；可以一个人讲述一本图书，也可以由两三个幼儿共同讲述本图书。幼儿讲述的形式可以多种多样，通过讲述幼儿不仅学会了深入理解图书的主要内容，而且也发展了他们的语言表达能力、思维的综合概括能力。

但同时要引起注意的是，早期阅读活动不是看图讲述活动，教师应将早期阅读活动的目标与看图讲述活动的目标区分开。看图讲述活动发展的是幼儿独白语言，要求幼儿运用正式规范的语言将图片内容完整、连贯性地表述出来。而早期阅读的重要功能在于让幼儿理解图书，理解各画面之间、画面与整个故事之间的关系。因此，早期阅读更着重于让幼儿理解，理解图书的基本结构,理解图书故事情节的发展,并对图书的结尾进行预测,在此基础上,再将理解后的内容以口头表达的形式表现出来。可见,早期阅读就是先理解后讲述,早期阅读中包含讲述的内容,但又不等同于讲述活动,教师只有正确地认识早期阅读活动,才可能避免早期阅读活动在设计与实施时走入误区。

4. 早期阅读活动应具有整合性的特点

幼儿园早期阅读活动不是一种纯粹的学习书面语言的活动,并且事实上也不可能有纯粹的书面语言学习存在。整合的阅读活动是书面语言学习与其他方面的学习有效地结合起来。有三种角度的整合:一是书面语言与口头语言的结合,二是语言和其他学习内容的结合,三是静态学习与动态学习方式的结合。早期阅读应贯穿于各种活动中,应与语言教育活动、其他领域教育活动紧密结合起来。例如,阅读活动与美工活动相结合,在幼儿阅读完一本图书后,让他们制作图书中的人物头饰进行表演,或让他们模仿图书的基本结构自己制作图书,以此提高其阅读的兴趣和积极性。又如,阅读活动与家、园联系相结合,在幼儿阅读一本好书的基础上,让他们将图书的主要内容讲述给爸爸妈妈听,或让家长观察幼儿在家中看书的情况,并将幼儿在阅读中出现的新问题反馈给教师,使家、园配合形成合力,共同促进幼儿阅读能力的提高。

5. 具有鲜明的文化和语言背景

任何一种语言,都有其独特的文化背景,书面语言尤其如此。在幼儿园进行早期阅读活动,应当充分考虑幼儿母语的特性及其文化的特色,帮助幼儿学习、认识母语的文化和语言背景。例如:有关汉字的起源历史的信息,对汉字框架结构的认识,汉字独特的书写工具——毛笔的尝试运用等,都能有效地帮助幼儿感受祖国语言的文化气息。通过书面语言的学习,幼儿能够更好地认识祖国文化,也通过祖国文化信息的渗透更好地增长幼儿对书面语言的认识。在早期阅读活动中,文化和语言信息可互为作用,产生相得益彰的教育效果。

二、早期阅读活动的目标与内容

早期阅读活动是幼儿接触书面语言的途径。这样的早期阅读,应当包括一切与书面语言学习有关的内容。基于这种认识,我们需要认识的是,识字可能是学习书面语言的一种内容和方式,但不是唯一的内容和方式。准确地说,大量系统的识字不是儿童早期阅读的内容。我们让幼儿学习阅读,不是要幼儿学会认识一些字,能直接去看文字、写文字,而是要让幼儿了解一些有关书面语言的信息，增长学习书面语言的兴趣，懂得书面语言的重要性，建立良好的阅读习惯。这样幼儿就能为下一阶段在小学的正式学习识字和写字等做好准备。

（一）早期阅读活动的目标

幼儿园早期阅读活动着重从情感态度、认识和能力三个方面培养幼儿学习书面语言的行为。

1. 提高幼儿学习书面语言的兴趣

要学习掌握书面语言，首先应当对书面语言产生兴趣，有积极主动"接近"书面语言的欲望。在早期阅读活动中，我们有必要帮助幼儿萌发出接受书面语言的最初步的、同时也是最根本的情感倾向。在学前阶段培养幼儿学习书面语言的兴趣，着重要帮助幼儿养成两种基本的阅读态度。

（1）热爱书籍，建立自觉阅读图书的良好习惯

书籍是书面语言的实际载体，也是人类知识的宝库。从小培养幼儿对书籍的热爱，可以有效地发展他们阅读的兴趣和积极性。在早期阅读活动中，幼儿有机会大量接触图书，从阅读图书过程中理解故事，被图文并茂、生动形象的故事所吸引，从而产生偷快的感觉，并能与教师、同伴一起分享这种快乐。在大量阅读图书过程中，可培养起幼儿对书籍热爱的情感态度。通过教师的帮助，幼儿还可以进一步学会爱护图书，建立起良好的阅读习惯，形成自觉的阅读倾向。

（2）乐意观察各种符号，对文字有好奇感和探索愿望

文字是一种语言的代码，也是一种符号体系。在世界上各种类型的符号系统之中，文字是最为纷繁复杂、容量硕大、含义丰富的符号体系。尽管幼儿尚未正式进入学习掌握文字的时期，但仍然需要通过一系列的活动来培养他们对文字的兴趣。幼儿园早期阅读活动的目标之一，便是激发幼儿对各种符号的敏感性，并引起他们探索和感知文字符号的积极性。比如幼儿生活中的符号多种多样，与文字有关系的其他符号体系也不少，如手势语、标志符号等等。幼儿对生活中各种含有一定具体意思的符号均会表现出极大的好奇，适当的引导可激发幼儿探索文字的兴趣，从而帮助他们建立乐意学习文字的态度，这将极大地有利于他们成长为自觉学习掌握文字书面语的人。

2. 帮助幼儿初步认识书面语言和口头语言的对应关系

书面语言和口头语言是人类语言的两大反映形式，也是两种语言符号类型，这两种语言都对人们的生活发生重要的作用。在学前阶段，幼儿正处于迅速发展获得口头语言的关键时期，他们将在进入学校之前掌握95%的口头

语言，即基本完成口语学习的任务。但是，为使他们更好地学习口语，并为下一阶段集中学习书面语言作好准备，在学前期有必要帮助幼儿初步感知、认识书面语言，理解书面语言和口头语言的对应关系，感知作为语言符号这两种系统的差异，从而知道书面语言与口头语言具有同样的重要性。

幼儿可以从幼儿园的早期阅读活动中得到这样几方面的认识：①懂得书面语言与口头语言一样，都可以储存信息，但书面语言用文字的方式记录储存，具有可视的特点。②懂得书面语言与口头语言都可以用来表达人们的思想。口头语言直接说出来，书面语言却具有文字反映的特点。③获得书面语言和口头语言一样，都是人们交际的工具，但是交际的方式不同。如果没有书面语言，在空间和时间条件的限制下，人们的交际将会出现问题。

在幼儿初步获得上述认识的基础上，他们可以获得理解书面语言和口头语言的对应关系，同时认识书面语言学习的重要性。

3. 帮助幼儿掌握早期阅读的技能

除了热爱阅读、懂得书面语言的意义之外，幼儿在学前阶段还需要掌握一些必要的阅读技能，这就是早期阅读能力的培养。早期阅读技能并不是那些具体字词的习得，也不是有些成人所注重的汉语拼音的学习，而是幼儿将来全面学习书面语言所必需的基础学习策略的准备。换言之，就是幼儿在早期要学习掌握未来书面语言学习的方式和途径。

那么，有哪些基本阅读技能是幼儿在学前时期需要获得的呢？

（1）观察摹拟书面语言的能力

幼儿对书面语言是否敏感，首要的一点是能够通过观察和了解书面语言与其他语言呈现方式的差异，了解母语文字的特征，相互间区别语义的异同等等，并且能够进行模仿。例如，当幼儿听教师讲完段故事后，能够意识到这种语言与自己平时所用的口语有不同之处，依照编构故事时就能使用与这个故事风格相同的语言；又如幼儿在看到汉字时能够敏锐地认出，并可能认识到诸如"牛""羊""马"之间的差别，从而感觉它们代表不同的意思；再如，幼儿虽不会写字，但能够用图画的方式去临摹自己感兴趣的汉字，写出自己的姓名，等等。总之，观察摹拟的能力是学习书面语言的基本技能，掌握这种能力将极大地有助于幼儿未来的学习。

（2）预期的技能

预期的能力是预计、估测阅读内容的方法策略。例如：当幼儿阅读图书，看到一个故事的开头时，能够预测到这类故事的过程和结局。"三只羊"在故事开头时处于美满平和的状态，到山那边去吃草，忽然碰到大灰狼进入危险状态，一而再再而三的危机出现，终于三只羊战胜了大灰狼，重新回到美满安全的状态，到山那边吃到了草。如果幼儿在阅读中增长了阅读的预期能力，那么他们读到"三只羊"这类故事的开头，便能预测到后面可能会出现什么情况，这种预期能力可有效地帮助幼儿理解每一个具体的阅读内容，并且不断扩展幼儿的阅读经验。在文字学习方面，预期技能亦可以使幼儿举一反三迅速把握文字的基本规则。当然，培养幼儿的阅读预期技能，必须通过大量的阅读实践活动在幼儿有较多的同类阅读经验的基础上，给予点拨、指导、帮助他们归纳概括出一定的阅读内容规律。

（3）自我调适的技能

书面语言的学习需要一种敏锐地发现错误并及时进行自我纠正的能力，这种能力与观察摹拟有关，但不等同于观察摹拟能力。自我调适由自觉发现误差并主动纠正误差的策略机制所决定。比如：在写字时，一旦发现自己将大树的"树"少写了一点，就马上补上并领悟到过去所误。或者在叙述图书内容时，发现自己所使用的语言不符合书面语言格式习惯，随即予以调整。这种不靠外部纠正而随时敏感地自省领悟的能力，对幼儿学习掌握书面语言十分重要。

上述几种基本技能的学习，可以在早期提高幼儿对书面语言的敏感水平，使他们获得学习书面语言的"路子"。显而易见，尽管此时幼儿还没有掌握大量的字词，不会写许多字，也不一定会背汉语拼音，但他们通过早期阅读所把握的书面语言知识、规律和学习的策略技能，将有助于他们在进入小学后迅速地、大量地、有效地掌握书面语言。

（二）早期阅读活动的内容

从"完整语言"的教育要求出发，幼儿园的早期阅读活动应当为幼儿创造丰富的接触"读"和"写"的机会。这主要是指创设环境，帮助幼儿感知什么是"读"和"写"，积累怎么去学习"读"和"写"的经验，感受"读"和"写"有什么意义等等。从幼儿园早期阅读活动的目标出发，我们需要为幼儿提供的早期阅读内容包含三个方面的阅读经验，即前图书阅读经验、前识字经验和前书写经验。冠以"前"字的这三个方面内容，与那种正式的、大量的、系统的书面语言学习有根本的区别。

1.前图书阅读经验

一般而言，图书是书面语言的载体。但学前阶段儿童阅读的图书，是由文字和图画两种符号系统构成的，具有图文并茂的独特内容。我们可以利用幼儿感兴趣的、丰富多彩的图画书籍来帮助幼儿学习阅读图书，提高阅读能力。

　　幼儿要学会看图书，至少要学习若干具体的行为经验：①翻阅图书的经验，掌握一般的翻阅图书的规则方式。②读懂图书内容的经验，会看画面，能从中发现人物表情、动作、背景，将之串连起来理解故事情节。③理解图书画面、文字与口语有对应关系的经验，会用口语讲出画面内容，或听教师念图书，知道是在讲故事的内容。④图书制作的经验，知道图书上所说的故事是作家用文字写出来的，画家又用图画表现出来，最后印刷装订成书。幼儿也可以自己尝试做小作家、小画家，把自己想说的事画成一页一页的故事，再订成一本图书。

　　可以说，幼儿园早期阅读活动为幼儿提供机会，让他们学习上述前图书阅读的内容，在此过程中发展幼儿的图书阅读兴趣、习惯与能力。

　　2. 前识字经验

　　集中、快速、大量识字是儿童进入小学阶段的学习任务。但是幼儿园有计划、有组织的早期阅读活动，可以帮助幼儿学习获得前识字经验，提高幼儿对文字的敏感程度。需要特别说明的是，我们反对在幼儿园里专门集中地让幼儿识字。在各年龄班早期阅读活动中，前识字的活动提供有关文字信息，但是绝不应当要求幼儿机械记忆和认读那些文字，这是教师应该特别注意的问题。

　　幼儿园早期阅读活动向幼儿提供的前识字经验包括下列几方面的具体内容：①知道文字有具体的意义，可以念出声音来，可以把文字、口语与概念对应起来。例如：认识"李阳"两个字，知道李阳是一个小朋友的名字；看到"花"字知道读"huā"，并知道什么是花。②理解文字功能的经验。比如将想说的话写成文字的信，可以寄到别人的手中，再转换成口头语言，别人明白了写信人的具体意思。③粗晓文字来源的经验。初步了解文字是怎样产生的，文字是如何演变成今天的样子的。④知道文字是一种符号并与其他符号系统可转换的经验。如认识各种交通与公共场合的图形标志，这种标志代表一定的意思，可用语言文字表现出来。⑤知道文字和语言的多样性经验。认识到世界上有各种各样的语言和文字，同样一句话，可以用不同的语言文字来表达，不同的语言文字又可以互译。⑥了解识字规律的经验。在前识字学习中让幼儿明白文字有一定的构成规律，掌握这些规则，就可以更好地识字。例如：汉字"木"字旁的字大多与木有关，森林、树木、桌、椅等。把握这种内在规则，幼儿会对识字感兴趣，也有利于他们自己探索、认识一些常见的字。

3. 前书写经验

尽管我们不要求幼儿像小学生那样集中学习写字，但是获得一些有关汉字书写的信息仍有必要，这有助于幼儿为进入小学以后正式学习书写作好准备。

前书写经验学习内容的早期阅读活动，可以向幼儿提供了解有关汉语文字构成和书写的学习机会。其中包括这样一些内容：①认识汉字独特的书写风格，例如能将汉字书写区别于其他的文字；②知道汉字的基本间架结构，比如懂得汉字可以分成上下结构、左右结构等；③了解书写的最初步规则，学习按照规则写字，尝试用有趣的方式练习基本笔画；④知道书写汉字的工具，知道使用铅笔、钢笔、圆珠笔、毛笔书写时的不同要求；⑤学会用正确的书写姿势写字，包括坐姿、握笔姿势等。

有一些帮助幼儿在图形描画中练习汉字基本笔划的前书写活动，如描画有关情景中的小雨点来作汉字笔画"丶"的练习，或者描画小猫钓鱼的勾来作汉字笔画"亅"的练习。教师要特别注意的是：第一，这些图形描画不是描红写字，不要要求幼儿去做机械无味的描红写字；第二，如果有可能应让幼儿尝试使用毛笔等不同书写工具，目的仅在于帮助幼儿了解祖国文字及书写的独特之处。但是注意不要将这样的活动等同于写毛笔字，更不要强行要求幼儿反复操练。

三、早期阅读活动的设计与组织思路

早期阅读活动是有目的、有计划地发展幼儿阅读能力，培养幼儿具有良好的阅读习惯和阅读态度的活动，因此结合阅读活动的特点，深入探讨它的活动结构是非常必要的。只有合理的结构才能调动幼儿的积极主动性，使幼儿投入到其乐无穷的阅读活动中去。

（一）幼儿自主阅读

这是正式阅读活动的第一个阶段。教师在简单地介绍完图书名称及封面内容后，就要提供机会让幼儿自主阅读。此阶段将阅读活动学习的书面语言展现在幼儿面前，让幼儿自由地"接近"本次话的学习内容，观察自己的认识对象，获得有关的信息。幼儿可以边翻阅图书边小声地讲述，也可以在翻阅完后讲述，这时幼儿主要是独自讲述，一般不与同伴发生语言交往。

以大班早期阅读活动"象形文字到现代文字"为例。在活动开始时，教师先出示象形文字的贴绒卡片，告诉幼儿这是我国最早的文字，叫象形文字。然后采用看图片猜谜的形式，启发幼儿认识象形文字日、月、水、木、山、火、目、口、人、田，再逐一出示相应的现代文字卡片，并排成一排，采用画线连字的游戏方式，鼓励幼儿找出与象形文字对应的现代汉字，通过这样积极的探索活动，让幼儿在观察分析过程中初步认识这些象形文字和现代汉字，并且知道现代文字是从古代象形文字发展演变而来的。

当然，为幼儿提供自己阅读的机会，并不意味着教师可以放手不闻不问。恰恰相反，在幼儿自己阅读过程中，教师要巧妙而实在地起到引导作用。在前面列举的阅读活动中，教师两次出示贴绒卡片，分别给予幼儿象形文字和现代文字的概念，并且让幼儿用连线的方式来建立两种文字的对应关系。可以说，幼儿是在教师的具体指导下去开始观察认识活动的。

此阶段教师指导时需注意：第一，教师要用提问方式引导幼儿的思路，使他们带着问题边思考边阅读，这些问题具有启发性，因此对幼儿在理解或解决图书内容中的重点和难点有一定的帮助，教师也可向幼儿提出观察的要求，然后教师操作、表演，让幼儿完整地、安静地阅读观看。第二，在教师巡回指导时，要注意观察每个幼儿的表现。对那些阅读速度快的幼儿，要鼓励他们再仔细阅读图书中的细节部分，以了解其内容的发展线索，更好地掌握故事情节。而对那些阅读速度较慢的幼儿，则要予以重点观察，了解他们是在哪些画面、哪些环节上出现了问题，哪些内容是幼儿不易理解与掌握的，从而为下一步的学习活动提供必要的依据。

（二）师生共同分享阅读

强调共同享受读书乐趣的早期阅读理论的主要目的是通过轻松有效的教育，培养儿童的阅读兴趣和阅读能力，让儿童尽早从依赖阅读过渡到独立阅读。早期教育要把儿童的兴趣放在第一位，培养一个终生热爱学习的儿童一定注意不要让他在早期就对阅读感到厌倦，如果一个孩子在早期学会了几千个字，但是他认为阅读是一件非常乏味的事，只不过是在大人指导下认识很多字，那么我们的阅读教育就是失败的。分享阅读理论不反对儿童识字，但要求儿童自然而然地获得汉字的信息，所以要注意的是在分享阅读的过程中伴随识字的原则不能动摇，不能将"分享阅读伴随识字"变成"分享识字伴随阅读"。

分享阅读分为以下几个步骤。

1.师生共同阅读，在阅读中让孩子感受爱、享受爱

教师与幼儿一起阅读，实际上是在幼儿自己观察、认识接触的书面语言信息的基础上，由教师带领幼儿进一步学习和理解这些书面语言信息。

仍以大班早期阅读活动"象形文字到现代文字"为例。继幼儿自己阅

读之后，教师逐一出示现代汉字的卡片，请幼儿认读。然后，教师带领幼儿阅读两遍，在幼儿认读过程中，教师要及时纠正幼儿不正确的发音，特别是"山""水"这两个在南方口音中容易忽视的卷舌音。同时引导幼儿解释字义，让幼儿了解字的含义，如知道"日"指太阳，"目"指眼睛、"口"指嘴巴等。

教师和幼儿一起阅读，创造了教师带领幼儿阅读、指导幼儿阅读的条件。教师可以用提问的方法与幼儿一起阅读图书，了解和理解图书的大致内容。用来提问的问题不要太多，3～4个即可，但问题涵盖的画面要多，即幼儿必须在理解1～2个画面的基础上才能回答出这个问题，这样可以有效地将阅读图书与看图讲述区分开，避免了反复观察一个画面的单调乏味的做法，使活动的形式更活泼，流程更顺畅。在这一活动环节中，教师按照自己的理解和设想，将幼儿掌握的书面语言信息贯穿到阅读的过程中去。教师的作用在于帮助幼儿明确此次早期阅读内容，并正确地掌握书面语言的信息。值得教师注意的是，在这一环节中，教师不必着重"告诉"幼儿什么，而是可以采用"平行"的方式，与幼儿平起平坐地共同阅读。换句话说，教师可将自己的指导作用放在"一起阅读"之中。不是告诉幼儿应该学习什么，而是与幼儿一起去学习这些要学的内容。这种方式将有助于幼儿从自由地"接近"阅读信息过渡到按照教师指导接受阅读的信息。

2. 围绕阅读重点开展活动，注重让幼儿从"听故事"过渡到"读故事"

每一次阅读活动都有其重点、难点，事先教师应当做到心中有数，并能有计划地在活动中贯彻落实。由于图书具有前后联系和连续性强的特点，因此如果一个重点或难点没有得到正确的理解，往往会影响幼儿对整本图书主要内容的把握，小班和中班前期的幼儿尤其如此。因此，教师一定要在早期阶段观察和了解幼儿实际困难的基础上，结合图书的主要难点对幼儿进行必要的指导，使幼儿能将图书的细节与内容相结合，从而深入地理解图书的主要内容，并能体验图书中人物的内心感受。

在大班早期阅读活动"象形文字到现代汉字"中，教师采用了组织幼儿讨论的方式帮助幼儿去掌握重点信息。教师与幼儿一起找出象形文字和现代汉字相似之处和不同之处，知道"日""目""口""田"都是全包围结构的字，能够区别和掌握这四个字，并且理解这些字都由象形文字变形转化而来。此外，教师还要帮助幼儿学会运用已学的这四个字，通过口头组词练习去丰富词汇，扩展词汇的思路。

除了组织讨论之外，教师在指导幼儿围绕阅读重点开展活动时，还可以灵活地采用其他活动形式，比如表演、游戏等。只要能够引导幼儿深入掌握学习的重点，加深对所学书面语言的印象，各种活动方式都可以在这一环节的活动组织过程中使用。

3. 归纳图书内容

当幼儿对图书的主要内容有深入的理解后，教师要鼓励幼儿将主要内容总结、归纳出来，从而巩固、消化所学的内容。归纳图书内容，可以有以下三种形式。

（1）一句话归纳法

这种形式要求幼儿用一句话将图书的主要内容总结出来。比如大班阅读活动"小白兔上公园"中，幼儿这样总结图书内容："这本图书讲的是小白兔和它的朋友们上公园时爱护环境、不乱扔东西的故事。"

（2）一段话归纳法

这种形式要求幼儿用一段话将故事的主要内容讲述出来。例如，中班阅读活动"小鸡和小鸭"中，幼儿这样归纳："有一天，小鸡和小鸭去河边玩。小鸡一不小心掉到河里，小鸭将小鸡救了上来。中午时，他们的肚子都饿了，小鸡说：'小鸭，我来帮你找食物吧'。小鸡用自己尖尖的嘴巴叼起一条小虫喂小鸭吃，小鸡和小鸭真是一对好朋友。"

（3）图书命名法

要求幼儿用简练的词或短句给图书起个名字，实际上是让幼儿学习归纳图书内容的主题。例如，在给图书《小鸡和小鸭》命名时，有的幼儿想出了《好朋友》的名称，有的则想出了《相互帮助》的名称，这些名称只要是符合故事的主题，教师都应予以支持和鼓励。

以上三种归纳图书的形式难度不同，应适用于不同年龄阶段的儿童使用。"一句话归纳法"和"图书命名法"要求儿童在理解图书内容的基础上，准确地用简短的语句将图书主要内容加以概括，而且归纳图书名字还要求儿童具有丰富的想象力和一定的创造性思维能力，因此对儿童的要求较高，一般适合中班后期的儿童使用。而"一段话归纳法"仅仅要求儿童将图书的主要内容讲述出来即可，相对而言难度不如前面两种大，因此适合小班后期、中班前期的儿童使用。

归纳阅读内容的组织方式亦有多种，其一，用竞赛性质的活动方式帮助幼儿巩固所学内容。例如：大班早期阅读活动"象形文字到现代汉字"，最后将幼儿分成两组，通过教师举字卡幼儿念字或教师念字幼儿举字卡的活动方式，开展竞赛。凡是回答正确的一方就可在黑板上画一个五角星，若有一个人不正确，就不能给这一方添上五角星。最后，评出五角星多的一方为胜利者，集体鼓掌表示祝贺，然后结束活动。这种活动方式使幼儿注意力集中，能够调动他们参与的积极性，激励他们主动地投入已有基础的复习巩固阅读活动之中，比较适合于在大班使用。其二，教师亦可通过表演的方式来组织归纳阅读内容，也有的阅读图书活动最后用配乐童话的方式进行，让幼儿跟随音乐做动作，体会图画故事所表现的情节和人物角色心理，加深对故事的理解。

此外，教师亦可用游戏的形式，组织归纳阅读内容的活动。比如大班早期阅读活动"文字的家"，采用幼儿循环游戏的方式来帮助幼儿巩固有关田字格与汉字间架结构前书写的学习内容。教师将幼儿分成6组，每组都有不同的游戏材料，包含有不同的与学习内容有关的信息。幼儿可在6个组轮流玩，每人可获得6次关于所学的前书写内容的练习机会。而教师在交代活动规则之后，放手让幼儿去循环游戏，教师则做巡回指导，重点对有困难的幼儿进行个别辅导。

总之，归纳阅读内容的方式各种各样，教师可以创造性地设计和组织这一环节的活动。只要有利于幼儿巩固掌握阅读内容，有利于他们形成正确的书面语言观点，各种活动形式都可以在活动中尝试运用。

师生共同阅读是阅读活动中的重点内容，教师在指导时要把握好以下两个方面的问题：第一，这个阶段提问使用的频率较高，因此教师要谨慎使用提问法，以免掉入一问一答的俗套中。仔细地思考一下不难发现，这一阶段的主要目标是让儿童深入地理解图书的主要内容，因此教师需要调动儿童的多种感官，让他们通过听觉（倾听）、视觉（阅读）、动作（表演）、语言（讲座和讲述）等多种形式，多通道地感受信息以达到理解图书的目的。第二，在这个阶段，教师在指导不同年龄的儿童进行阅读时其侧重点应有所不同。小班需要教师指导儿童从前往后一页页地理解单页单幅画面的内容，并能用一段话归纳图书的主要内容；中班的儿童要知道图书下方页码的作用，能在一个问题的引导下理解2~3个单幅画面或一个单页多幅画面的主要内容，能为图书命名；大班的儿童能在教师的帮助下，将一本情节复杂、内容丰富的图书按情节的发展分成几个部分，用一句话归纳图书内容，并预期图书情节的发展。

（三）儿童讲述阅读的主要内容

这个阶段是儿童将所理解的图书内容以口头语言的形式表达出来，它是儿童将图画符号转化为语言符号的阶段，因此也是阅读活动中不可缺少的一个环节。儿童可以在小组内自由讲述，既可以在集体中讲述，也可以同伴合作讲述。教师在这个阶段进行指导时应注意以下几点。

第一，儿童讲述的内容是他们经过思维的加工后所理解的图书的主要内容，因此只要他们基本上将图书的主要内容讲述出来就可以了，而不必就每个画面进行反复的斟酌，反复的认知，否则势必会降低儿童对阅读的兴趣。与此同时，教师还要鼓励儿童大胆想象，将与情节有关的人物、动作、对话和内心体验讲述出来，当然这并不是要求儿童用规范的语言将每个画面的意思都彻底讲清楚，而是培养儿童围绕图书的重点，将主要情节尽可能讲得生动、详细。教师在指导时，一定要将这两种讲述区分开，使儿童能自由地依据自己的理解和想象，将图书的主要内容完整连贯地表达出来。

第二，在讲述时要注意儿童的个别差异。当儿童在集体面前独自或与小组合作讲述时，教师一定要注意兼顾语言能力强弱不等的儿童的学习和指导。教师可以让语言能力较弱的儿童选择较简单的阅读内容进行讲述，从而使这部分儿童也能从讲述中获取乐趣、提高自信。

四、早期阅读活动的设计与组织实例分析

本文以《学前儿童语言教育》中的早期阅读活动为例进行分析介绍。

【早期阅读】农场里的叫声（中班）

（一）活动目标

引导幼儿在说出不同动物叫声的基础上，初步认识象声词：叽、呷、咩、噜。

指导幼儿通过观察、比较"叽、呷、咩、噜"四个汉字的相同之处，知道它们都是从嘴里发出的叫声，都与"口"有关，初步了解汉字结构的规律。

通过游戏的形式，进一步提高幼儿对学习汉字的兴趣。

（二）活动准备

①"叽、呷、咩、噜"汉字卡片各1张。

②小鸡、小鸭、小猪的图片各1张。

③教学挂图《农场里的叫声》。

④幼儿会唱歌曲《在农场》。

（三）活动过程

1. 出示农场图片及小动物图片，并提问：在农场里有哪些小动物它们是怎样叫的？要求幼儿能完整地回答问题。

2. 教师和幼儿一起阅读。

（1）逐一出示汉字卡片，并放在相应的小动物嘴边，让幼儿结合图片，

想象并认读动物叫声的汉字，可采用集体练习和个别练习的方法，让幼儿学习这些象声词。

（2）出示汉字卡片"叽、呷、哞、噜"，带领幼儿认识汉字。

3. 引导幼儿仔细观察"叽、呷、哞、噜"四个汉字的结构，启发幼儿找一找这四个字的哪些地方相同，为什么它们都有"口"字旁。再组织幼儿开展动物图片和汉字卡片配对的游戏活动。教师将小动物图片贴在黑板上请幼儿帮他们找到表示各自叫声的汉字朋友（汉字卡片）并且贴在下面。

4. 采用提问的方式，启发幼儿想一想、说一说：农场还会有哪些动物或还有哪些动物的叫声也会有"口"字旁呢？教师快速地将动物的主要形象及相应的汉字写在黑板上。并带领幼儿认读汉字，让幼儿进一步感知和理解"口"字旁的汉字，了解汉字的构成规律。

5. 采用对话的形式，帮助幼儿巩固对动物叫声的练习。可以问：小鸡小鸡在哪里？幼儿边做鸡嘴动作，边回答：叽叽叽叽，在这里。教师问：小牛小牛，在哪里？幼儿边用手做牛角动作，边回答：哞哞哞哞，在这里……

然后，带领幼儿采用接唱的形式，仿编歌曲《在农场》。建议教师唱前半句，幼儿唱后半句的叫声，如教师："猪儿在农场……"，幼儿说："噜噜"，教师说："鸭子在农场……"，幼儿说："呷呷"。最后，在音乐声中结束活动。

大量认识汉字是小学的教学内容，而在学前阶段，我们需要的是让幼儿学习和习得一些前识字的经验，使他们乐意观察汉字，了解简单的汉字认读规律。此活动目标就充分体现了这一要求。在此活动中，教师是引导幼儿认读四个带有"口"字旁的动物叫声的汉字，重点是启发幼儿找出这些汉字的相同之处，了解汉字的构成规律，强调采用游戏教学的方式，激发幼儿的兴趣。

上文提到的阅读活动先采用出示图片的方式，引出本次活动的地点和人物即农村和农场的小动物，再通过提问的方式，让幼儿看图讲述农场里的小动物和它们的叫声。本次活动是围绕认识"口"字旁的动物叫声的汉字进行认读活动的，故将本次活动的背景安排为农场，角色为农场里的小动物，这样的设想较合理。教师采用让幼儿看动物图片猜汉字的方式，引导幼儿自己认读汉字。这种方式较直观形象，幼儿易理解，也易掌握。

在这一过程中围绕"叽、呷、哞、噜"四个汉字的结构和特点开展活动，帮助幼儿感知汉字的构成规律。接着采用配对游戏的形式，启发幼儿将动物图片与汉字卡片匹配，从而激发幼儿学习兴趣，达到巩固学习汉字的目的。引导幼儿想象各种动物的叫声，采用汉字记录的形式，带领幼儿进一步巩固认识"口"字旁的汉字，从而扩展幼儿的经验，进一步加强对本次阅读重点内容"口"字旁汉字的印象，加深对汉字构成规律的认识。

通过阅读活动和音乐活动的形式，进一步帮助幼儿练习动物叫声，提高幼儿对阅读象声字的兴趣，使幼儿在轻松愉快的气氛中阅读本次活动的内容，从而取得良好的教学活动效果。

第六节　幼儿园儿童双语学习与双语教育

一、双语

双语是指一个人或集团使用两种语言的现象，一般只会语言不会文字。双语现象大多出现在多民族国家里。在世界上大多数国家是多民族国家，使用多种不同的民族语言，如瑞士人大多懂德语、法语、意大利语；比利时也是一个多民族的国家，在元旦国王致新年祝词时，要用三种语言发表它。从两种语言的功能大小来分类，双语可以分为两种类型：一是本民族语言为主要交际工具，使用频率高；二是第二种语言为主要交际工具，本民族语言反而使用频率低。当今世界的民族，由于科学文化的不断发展，交通往来的日益方便，说双语的人越来越多。

二、双语学习

双语学习是指同一个人同时学习和使用两种语言的现象。学前儿童双语学习可以区分为两种类型：同时双语学习和延时双语学习。所谓同时双语学习指的是儿童从出生之日起或在三岁前第一语言尚未完全获得时，就处在一个双语环境中，同时接触、学习和使用，并逐步获得两种语言的现象，如家庭中父母双方分别对儿童使用不同的语言，那么这个儿童可能同时学会两种语言。同时双语学习过程中，两套语言系统相互独立，较少出现相互干扰的现象。双语延时学习是指儿童先学会一种语言，然后再开始学习第二种语言的现象。如：儿童可以在幼儿园、学校、电视学会第二语言，他们的第二语言学习过程，第一语言的某些技能往往起一定的作用，有时起促进作用，有时却产生干扰影响。

三、双语教育

双语教育有狭义和广义之分。狭义的双语教育是指以两种语言作为教学媒介的教育系统，也指在某一时期，教育者使用两种语言的教育方案。广义的双语教育是指在同一教育机构中让学习者同时学习和使用两种语言，主要教学语言是第一语言，但第二语言教学是第二语言组织的。本书采用了广义的双语教育。

双语教育是相对于单语教育提出的，它的一个重要特征是在同一个教育机构中，学生同时学习两种语言，并通过两种语言学习其他知识，幼儿园双语教育是指在同一个幼儿园，幼儿教师使用两种语言工具组织幼儿的日常生活和学习活动。对幼儿而言，这两种语言是他们的学习对象，也是他们获得其他新知识和参与各种活动的工具。因此，判断一个幼儿园是否实施了双语教育，可以从以下三个方面来把握。

1. 以教师为参照物分配两种语言

班级里两位教师，其中一位教师在日常生活的各个环节中使用母语和幼儿进行交流，而另一位教师则使用外语和幼儿交流。

2. 以时间为参照物分配两种语言

规定在一周的某几天，所有教师在一日生活中均使用母语，而在另外几天则使用外语进行教学和日常交流。

3. 以学科为参照物分配两种语言

分科教育的幼儿园，要求教师在某些学科的教学活动以及组织幼儿园日常生活的有关环节时使用母语，而在另一些学科的教学活动或有关的生活环节中使用外语。

按照上述标准，下列两种类型的幼儿园就不能称为双语教育机构。

（1）幼儿园开设第二语言课，将第二语言作为一个科目，在第二语言的教学活动中教师使用母语教幼儿学习第二语言，走出第二语言课堂之后，教师和幼儿在日常生活和其他活动中都不使用第二语言。这只能说明，该幼儿园开设有外语课，仅此而已。

（2）幼儿自进园之后，一直在一种外语环境之中，教师和幼儿在有活动中均被要求使用外语，母语被排在他们的活动之外，这种幼儿园不能被称为双语幼儿园。

因此，我们不能将双语教育简单理解为教儿童学习两种语言的教育，它实质上作为一种体制存在于儿童的学习和生活之中，它要求两种语言作为教育者的使用语言被适当地配置在儿童的各种活动之中。

思考题：

1. 论述幼儿园的谈话活动的组织策略。

2. 如何确定谈话活动的主题？

3. 请你设计一个谈话活动的案例。

4. 故事教学活动应注意哪些问题？

5. 论述文学活动对幼儿发展的作用。

6. 论述讲述活动的基本特征。

7. 论述讲述活动主要类型。

8. 论述讲述活动设计与实施的基本结构。

9. 设计一个讲述活动的案例。

10. 何为幼儿园的听说游戏活动?

11. 听说游戏与语言规则游戏的关系是什么?

12. 论述听说游戏活动的设计与组织思路。

13. 设计一个听说游戏活动案例。

14. 什么是早期阅读?

15. 早期阅读在幼儿发展教育中的作用是什么?

16. 幼儿园早期阅读的方式和方法有哪些?

17. 对现存的阅读危机你是怎样理解的。

第七章 幼儿园语言教育活动的评价

　　幼儿园语言教学活动的评价，是幼儿园语言教育工作的重要组成部分。幼儿园语言教育活动的评价直接影响幼儿园语言教育的质量，同时也影响幼儿教师教学工作积极性和幼儿学习语言的主动性。可以说教学评价直接作用于幼儿园语言教学活动的各个方面，无论是教学目的、任务，还是教学过程、方法。幼儿园语言教育实践也证明，幼儿园语言教学和小学、中学的语文教育有很大的不同，幼儿语言教育是以培养幼儿听说能力和口头语言运用能力为主的语言活动形式，因此幼儿园的语言评价活动也有它相对的特殊性。我们这里所讲的语言教育活动评价是对幼儿园语言教育过程、内容、方法、效果等做出客观的衡量和科学判定的过程。

　　我国目前的学前儿童语言评价，强调把语言教育作为一个整体来评价，包括从儿童语言发展的状况来评价教育效果，从语言教育的各个部分及其相关关系的分析和判断来评价教育活动过程的实际运行状况，还需要对语言教育本身做出价值判断，对教师的"教"和幼儿的"学"的过程与结果做出评价。通过介绍学前教育活动的评价也可以说是对教师教学工作和教学效果的评价，包括语言教育活动目标、内容、活动方法、活动的组织形式、教育辅助活动以及幼儿与教师的互动交流等方面的评价，使学前专业的学生能够掌握语言教育活动的基本评价指标，从而能更好的适应幼儿园语言教育活动和科研活动，取得较好的教育教学效果。

第一节 幼儿园语言教育活动评价的意义

　　幼儿园语言教育活动的评价也是教学评价。教学评价是实现教学目的的基本途径，语言教学评价就是根据幼儿园语言教学的目的、原则和要求，利用可行的评价技术对幼儿园语言教学过程及其预期的效果给予价值上的判断，从而提供信息改进教学和对被评价对象作出某种资格证明。

　　幼儿园语言教学评价的意义在于以下几点。

一、提供语言教学信息的反馈

通过信息反馈，可以使被评价对象明确教学目标及教学目标实现程度，包括教学活动中所采取的形式和方法是否有利于促进教学目标的实现，积累资料以便提供如何才能更顺利地达到教学目标和修改教学目标本身的依据。

二、语言教学评价有利于对语言教学的考察和鉴别

通过语言教学评价，可以了解教师教学的质量和水平、优点和缺点、矛盾和问题，有利于对教师的考核、评价，从而提高教师的语言教学质量，促进语言教育的交流和提高。

三、语言教学评价，有利于提高教师工作的积极性

正确的、公正合理的评价，可以调动幼儿园教师教学工作的积极性，激发教师的内部动因，调节教师在教学过程中的紧张状态，从而使教师明确教学工作中努力的方向。

第二节　教师语言教学质量的评价

《3—6岁儿童学习与发展指南》是建立教师授课质量评价指标的重要依据，因此《3—6岁儿童学习与发展指南》是幼儿园语言教学质量评价指标的重要依据，既是幼儿语言教学的指导性文件，也是编写幼儿语言教材及幼儿教师语言教学的依据。所以幼儿园语言教育授课质量的评价指标离不开《3—6岁儿童学习与发展指南》。

评价语言教育的质量应从教和学两方面入手，因为教学是包括教和学两方面的活动，所以我们对幼儿园语言教育的评价要从教师的授课质量和幼儿的语言发展、智力提高和品格形成多方面去考虑，同时还要考虑到我国目前幼儿教师队伍的现有水平，从广大幼儿教师所能接受的项目中进行，真正起到提高和促进幼儿园语言教育的角度去进行。根据以上几方面的考虑，对幼儿园语言教育授课质量评价应包括以下几方面内容。

一、完成情况的评价

第一，确定《3—6岁儿童学习与发展指南》语言部分规定的任务、内容在多大程度上完成了，未完成的部分是什么原因造成的；第二，有无出现超过幼儿园语言教育发展的现象，因为出现这种现象会发生幼儿负担过重或影响幼小衔接等的情况；第三，要注重各年龄班幼儿学习语言的连贯性，是否

按指南所规定学习；第四，注重幼儿的语言实践能力及运用语言的能力发展提高程度等。根据以上提到的要求，应从七个方面分层次对教师的授课质量进行评价。

①教学目的要从实际出发，教育符合并能完成指南的规定，教学目标切合幼儿实际，目标具体且能够达到。

②幼儿积极参与活动，调动幼儿学习语言的积极性和主动性。

③重视幼儿语言能力的培养，善于激发幼儿的思维，重视语言基本技能的训练，培养幼儿开朗活泼、善于与人交谈的性格。

④教学重点突出，准确概括幼儿语言学习的难点，能找到语言学习的关键。

⑤教学方法生动、有效，教学气氛活跃，幼儿与教师互动效果好。

⑥教学时间分配合理，教学环节连贯紧凑，过渡自然。

⑦教学语言表达流畅、简洁，语言表达节奏明快，教具使用恰到好处，教学脉络清楚。

二、幼儿参与活动评价情况

教学过程中教师虽然起主导作用，但幼儿是学习的主体，教师是为幼儿学习语言服务的，所以离不开幼儿参与的教学活动。幼儿的积极性、主动性、自觉性的发挥情况，是教师语言教学效果和教学成败的重要指标通过幼儿在活动中的表现，可以了解活动设计和实施的情况，也可以了解幼儿语言发展的状况。这一环节的评价主要从以下几方面进行。

①教师是否发挥主导作用。

②是否创造条件让幼儿成为活动的主体。

③幼儿在活动中是否积极主动，幼儿的注意力、兴趣、情绪、意志等非智力因素是否得到充分激发。

三、教师教学方法的评价

教学方法是完成教学任务的重要手段，教师借助教学方法引导学生掌握语言知识，形成语言技巧；发展幼儿的智力，培养良好的思想品德。教学方法对实现教学目的、完成教学任务具有重要意义。对语言教学方法的评价应从以下几方面考虑。

①语言教学方法的选择。教师能否根据不同年龄班语言教学的特点，安排具体的教学任务，选择合适的方法，所选择的语言教学方法之间是否相互关联、相互配合、相辅相成。

②教学方法的使用是否有利于幼儿学习语言，是否符合幼儿的年龄阶段特点和语言教学规律。

③教学方法的使用是否有利于发展幼儿的创造性思维并养成良好的语言习惯。

④教师的提问是否明确，难易是否恰当，是否符合幼儿语言的特点，是否具有启发性。

⑤教学中，教师如何运用直观教具及其他辅助教学的技术手段，运用方法是否恰当，如何使幼儿的多种感官参与活动，教学脉络是否清楚，重点是否突出。

四、教师教学语言的评价

教师的教学语言是师生之间在教学活动中相互联系的最主要的工具。教师的教学语言修养是教师必须具备的素质之一，因为教师的语言表达不仅影响教学的效果，同时也是幼儿学习语言的榜样，因此教学语言评价是评价教师授课质量的一项重要指标。

评价教师的教学语言可以从以下几个方面考虑。

①教师在教学时是否语言清晰、流畅、生动、有趣、会说"儿童话"（即幼儿能听懂的语言）。

②教学过程中是否条理清楚、层次分明、突出重点。

③说话是否通俗易懂，使用幼儿能听懂的教学语言。

如小、中、大班教师提问时的语气应有所不同。比如有的幼儿教师在故事教学时问幼儿："哪个小朋友能告诉教师，这个故事的中心思想是什么？"这样的语言，成人能听懂幼儿可能听不懂。在教学中语言的速度，不同年龄班也会有不同的要求，注意语气、语调和语句是否符合幼儿的年龄特点。

④能否坚持说普通话。教学语言是一种艺术，对教学语言的评价是较难把握的，在评价中要把"准确"作为最基本的指标，因为幼儿语言教育的特殊性决定幼儿教师的教学语言应该更加以准确为前提。

在实际评价中有时对生动、有趣往往给予过多关注，这是需要纠正的。

五、教学辅助材料的应用与评价

幼儿园语言教学活动中，教学辅助材料的选择和使用，直接影响教师教学活动效果和幼儿参与活动的积极性，它与幼儿思维的具体形象性有极大的关系，主要从以下几个方面着手。

①选择使用的教具是否符合语言教育活动的展开，是否有利于语言教学活动的进行，是否符合幼儿的身心发展特点和教学卫生需求。

②幼儿的学具是否符合幼儿的操作特点和年龄特征。

③学具和教具的出示方法和应用技术是否最大限度地发挥其作用，同时与语言教学目标融于一体。

六、教学原则贯彻情况的评价

教学原则是教学过程的实践经验总结，是根据教学目的和教学规律提出来的，是教学过程中必须遵循的要求。因此，评价幼儿园语言教学的质量，也要看其教学原则贯彻的情况，包括以下几个方面。

①教学中是否正确遵循教学基本原则。

②语言教学的内在思想是否挖掘出来。

③教师的语言教学是否符合语言教育的规律及儿童身心发展特点，使幼儿掌握基本的语言知识和技能。

④教师如何组织幼儿的学习，是否符合幼儿年龄特征和个性差异。

⑤教师的教学组织是否生动活泼，以及教师对学生的人格是否产生积极影响等。

总之，对教师教学质量的评价包含多种因素，除上述之外，还有幼儿的各种活动指导及卫生情况，以及对幼儿的评价是否客观等都影响幼儿语言教育的质量，但在评价时应有主次之分。如何确定教师语言教学的质量，还要根据具体情况加以分析确定。

思考题：

1. 幼儿园语言教育活动评价的意义是什么？

2. 教师语言教学质量的体系包含哪些内容？

参考文献

[1] 李江帆.教育服务产品理论研究 [M].广州：中山大学出版社，2009.

[2] 徐晓东，邵文其，洪仙瑜，等.社会转型与办学体制创新 [M].杭州：浙江大学出版社，2004.

[3] 朱家雄.幼儿园课程 [M].上海：华东师范大学出版社，2003.

[4] 库利.人类本性与社会秩序 [M].包凡一，王湲，译.北京：华夏出版社，2015.

[5] 周兢.学前儿童语言教育 [M].南京：南京师范大学出版社，2000.

[6] 张向葵，王元，刘佳，等.教育执行力：家长对落实幼儿《纲要》满意度研究 [J].东北师大学报（哲学社会科学版），2009（05）.

[7] 李雪晗."幼儿园选择"问题的深层含义及其社会学思考 [J].当代学前教育，2009（03）.

[8] 胡彩云，李志宇.城乡家长对幼儿园期望的比较 [J].学前教育研究，2009（06）.

[9] 连玥，马玉俊.浅析父母对托幼机构的教育需求 [J].科教文汇（下旬刊），2008（33）.

[10] 张银萍.非言语行为与课堂教学 [J].哈尔滨职业技术学院学报，2011（04）.

[11] 薛建男.幼儿园教育质量评价指标体系研究 [D].上海：上海师范大学，2012.

[12] 夏晨伶.幼儿园保育质量评价指标研究 [D].成都：四川师范大学，2012.

[13] 冷雪姣.幼儿园组织创新气氛现状的调查研究 [D].长春：东北师范大学，2012.

[14] 冯宝安.幼儿园突发事件管理机制构建研究 [D].重庆：西南大学，2013.